Bernd Wehren

Der Schönschrift-Führerschein

Mit Rätselwörtern eine leserliche Handschrift entwickeln und festigen

ab Klasse 3

Mit einem Klassensatz farbiger Führerscheine

Kopiervorlagen

BRIGG Pädagogik

Hinweis:
Die beiliegenden Führerscheine können Sie
als Klassensatz unter der Bestell-Nr. 1035 nachbestellen.

Gedruckt auf umweltbewusst gefertigtem, chlorfrei gebleichtem
und alterungsbeständigem Papier.

1. Auflage 2013
Nach den seit 2006 amtlich gültigen Regelungen der deutschen Rechtschreibung

Illustrationen: Bettina Weyland

ISBN 978-3-8481-**1030**-8 www.brigg-paedagogik.de

Inhalt

Einleitung

Nachdem die Schüler eine Schreibschrift gelernt haben, entwickeln sie eine individuelle Handschrift, die leider nicht immer leserlich oder gar schön ist. Viele Grund- und Sekundarstufenlehrer beklagen das schlechter werdende bzw. schlechte Schriftbild ihrer Schüler. Mithilfe der Arbeitsblätter des Schönschrift-Führerscheins können die Schüler eine schöne, leserliche und individuelle Handschrift trainieren, die zugleich auch zu einer besseren Rechtschreibung führen soll.

Vorübungsteil (S. 8–15)

Die Schüler malen verschiedene Formen und Figuren nach und schreiben Buchstaben, Wörter und Sätze in und auf verschiedene Lineaturen.

Hauptübungsteil (S. 16–75)

Die zu übenden **Wörter von A–Z** gehören zum Grundwortschatz und somit zu den Wörtern, die die Schüler sehr häufig schreiben. Zu jedem Buchstaben gibt es je zwei Schönschrift-Arbeitsblätter – so kann beispielsweise das erste Arbeitsblatt in der Schule und das zweite als Hausaufgabe bearbeitet werden. Der Seitenaufbau ist stets gleich: Die Schüler schreiben zu Beginn den jeweiligen Buchstaben mehrmals in Schönschrift in die Lineatur. Anschließend entziffern sie zunächst einzelne **Rätsel-Druckschriftwörter** und später einen ganzen **Rätselsatz**. Sowohl die Wörter als auch der Satz werden jeweils in Schönschrift in die Lineatur geschrieben. Dabei ist es den Schülern überlassen, ob sie in leserlicher Druckschrift oder in leserlicher Schreibschrift schreiben.
Als Hilfe kopieren und laminieren Sie für Ihre Schüler die passende **Buchstaben-Schönschriftkarte** (S. 6), die sie im Etui aufbewahren und beim Schönschrift-Training neben das Schönschrift-Arbeitsblatt legen. Wählen Sie zwischen folgenden Vorlagen:

- Druckschrift und Vereinfachte Ausgangsschrift (VA),
- Druckschrift und Lateinische Ausgangsschrift (LA),
- Druckschrift und Schulausgangsschrift (SAS) oder
- Druckschrift und Grundschrift (GS).

Zusätzlich können Sie die **Schriftarten-Lernposter** (S. 83–86) vergrößern und im Klassenraum, aber auch zu Hause aufhängen lassen.
Abschließend bilden die Schüler aus mehreren der zuvor geübten Wörter selbst einen sinnvollen Satz oder einen Quatsch-Satz und schreiben ihn in Schönschrift auf. Somit wird gleichzeitig der Satzbau, aber auch die Rechtschreibung geübt.
Wenn die Schüler die Aufgaben erledigt haben, tauschen sie ihre Arbeitsblätter mit dem Tischnachbarn aus und kreisen auf dessen Arbeitsblatt Buchstaben und Wörter mit Bleistift ein, die kaum oder nicht zu lesen sind; auch hier hilft die Buchstaben-Schönschriftkarte. Nach der **Mitschüler-Korrektur** überarbeitet jeder Schüler seine unleserlichen Stellen. Dabei kann das entsprechende **Grundwortschatz-Lernposter** mit den Lösungswörtern von A–Z (S. 78–82) als Hilfe genutzt werden.
Am Ende des Schönschreib-Trainings können Sie Ihren Schülern nacheinander vier verschiedene **Abschreibtexte** in den fünf Schriftarten geben (S. 66–75), die sie nachspuren und in ihr Heft schreiben.
Wenn die Schüler ein Arbeitsblatt bearbeitet, ausgetauscht und verbessert sowie die Rätsel-Druckschriftwörter mit einem der fünf Grundwortschatz-Lernposter **selbstständig kontrolliert** haben, dürfen sie die Leitfigur „Charlie Schönschrift" anmalen. Außerdem dürfen sie den entsprechenden Buchstaben in ihrem farbigen **Schönschrift-Führerschein** ankreuzen (= Portfolio), der zu Beginn des Schönschrift-Trainings an alle Schüler verteilt werden sollte.

Toll! Du hast die Schönschrift-Prüfung bestanden und kannst in leserlicher und schöner Schrift schreiben.

Weiter so!

Datum und Unterschrift

Der *Schönschrift*-Führerschein

Foto
Schüler/-in

Name

Diese Schönschrift-Seiten habe ich bearbeitet:

Aa	☐	Nn	☐
Bb	☐	Oo	☐
Cc	☐	Pp	☐
Dd	☐	Qq	☐
Ee	☐	Rr	☐
Ff	☐	Ss	☐
Gg	☐	Tt	☐
Hh	☐	Uu	☐
Ii	☐	Vv	☐
Jj	☐	Ww	☐
Kk	☐	Xx	☐
Ll	☐	Yy	☐
Mm	☐	Zz	☐

Toll! Du hast die Schönschrift-Prüfung bestanden und kannst in leserlicher und schöner Schrift schreiben.

Weiter so!

Datum und Unterschrift

Der *Schönschrift*-Führerschein

Foto
Schüler/-in

Name

Diese Schönschrift-Seiten habe ich bearbeitet:

Aa	☐	Nn	☐
Bb	☐	Oo	☐
Cc	☐	Pp	☐
Dd	☐	Qq	☐
Ee	☐	Rr	☐
Ff	☐	Ss	☐
Gg	☐	Tt	☐
Hh	☐	Uu	☐
Ii	☐	Vv	☐
Jj	☐	Ww	☐
Kk	☐	Xx	☐
Ll	☐	Yy	☐
Mm	☐	Zz	☐

Toll! Du hast die Schönschrift-Prüfung bestanden und kannst in leserlicher und schöner Schrift schreiben.

Weiter so!

Datum und Unterschrift

Der *Schönschrift*-Führerschein

Foto
Schüler/-in

Name

Diese Schönschrift-Seiten habe ich bearbeitet:

Aa	☐	Nn	☐
Bb	☐	Oo	☐
Cc	☐	Pp	☐
Dd	☐	Qq	☐
Ee	☐	Rr	☐
Ff	☐	Ss	☐
Gg	☐	Tt	☐
Hh	☐	Uu	☐
Ii	☐	Vv	☐
Jj	☐	Ww	☐
Kk	☐	Xx	☐
Ll	☐	Yy	☐
Mm	☐	Zz	☐

Toll! Du hast die Schönschrift-Prüfung bestanden und kannst in leserlicher und schöner Schrift schreiben.

Weiter so!

Datum und Unterschrift

Der *Schönschrift*-Führerschein

Foto
Schüler/-in

Name

© Brigg Pädagogik Verlag GmbH, Augsburg · Best.Nr. 1030 (Buch), 1035 (Führerscheine)

Diese Schönschrift-Seiten habe ich bearbeitet:

Aa	☐	Nn	☐
Bb	☐	Oo	☐
Cc	☐	Pp	☐
Dd	☐	Qq	☐
Ee	☐	Rr	☐
Ff	☐	Ss	☐
Gg	☐	Tt	☐
Hh	☐	Uu	☐
Ii	☐	Vv	☐
Jj	☐	Ww	☐
Kk	☐	Xx	☐
Ll	☐	Yy	☐
Mm	☐	Zz	☐

Toll! Du hast die Schönschrift-Prüfung bestanden und kannst in leserlicher und schöner Schrift schreiben.

Weiter so!

Datum und Unterschrift

Der *Schönschrift*-Führerschein

Foto
Schüler/-in

Name

Diese Schönschrift-Seiten habe ich bearbeitet:

Aa	☐	Nn	☐
Bb	☐	Oo	☐
Cc	☐	Pp	☐
Dd	☐	Qq	☐
Ee	☐	Rr	☐
Ff	☐	Ss	☐
Gg	☐	Tt	☐
Hh	☐	Uu	☐
Ii	☐	Vv	☐
Jj	☐	Ww	☐
Kk	☐	Xx	☐
Ll	☐	Yy	☐
Mm	☐	Zz	☐

Toll! Du hast die Schönschrift-Prüfung bestanden und kannst in leserlicher und schöner Schrift schreiben.

Weiter so!

Datum und Unterschrift

Der *Schönschrift*-Führerschein

Foto
Schüler/-in

Name

© Brigg Pädagogik Verlag GmbH, Augsburg · Best.Nr. 1030 (Buch), 1035 (Führerscheine)

Diese Schönschrift-Seiten habe ich bearbeitet:

Aa ☐ Nn ☐
Bb ☐ Oo ☐
Cc ☐ Pp ☐
Dd ☐ Qq ☐
Ee ☐ Rr ☐
Ff ☐ Ss ☐
Gg ☐ Tt ☐
Hh ☐ Uu ☐
Ii ☐ Vv ☐
Jj ☐ Ww ☐
Kk ☐ Xx ☐
Ll ☐ Yy ☐
Mm ☐ Zz ☐

Toll! Du hast die Schönschrift-Prüfung bestanden und kannst in leserlicher und schöner Schrift schreiben.

Weiter so!

Datum und Unterschrift

Der *Schönschrift*-Führerschein

Foto Schüler/-in

Name

Diese Schönschrift-Seiten habe ich bearbeitet:

Aa	☐	Nn	☐
Bb	☐	Oo	☐
Cc	☐	Pp	☐
Dd	☐	Qq	☐
Ee	☐	Rr	☐
Ff	☐	Ss	☐
Gg	☐	Tt	☐
Hh	☐	Uu	☐
Ii	☐	Vv	☐
Jj	☐	Ww	☐
Kk	☐	Xx	☐
Ll	☐	Yy	☐
Mm	☐	Zz	☐

Toll! Du hast die Schönschrift-Prüfung bestanden und kannst in leserlicher und schöner Schrift schreiben.

Weiter so!

Datum und Unterschrift

Der *Schönschrift*-Führerschein

Foto Schüler/-in

Name

© Brigg Pädagogik Verlag GmbH, Augsburg · Best.Nr. 1030 (Buch), 1035 (Führerscheine)

Diese Schönschrift-Seiten habe ich bearbeitet:

Aa ☐ Nn ☐
Bb ☐ Oo ☐
Cc ☐ Pp ☐
Dd ☐ Qq ☐
Ee ☐ Rr ☐
Ff ☐ Ss ☐
Gg ☐ Tt ☐
Hh ☐ Uu ☐
Ii ☐ Vv ☐
Jj ☐ Ww ☐
Kk ☐ Xx ☐
Ll ☐ Yy ☐
Mm ☐ Zz ☐

Toll! Du hast die Schönschrift-Prüfung bestanden und kannst in leserlicher und schöner Schrift schreiben.

Weiter so!

Datum und Unterschrift

Der *Schönschrift*-Führerschein

Foto Schüler/-in

Name

Diese Schönschrift-Seiten habe ich bearbeitet:

Aa	☐	Nn	☐
Bb	☐	Oo	☐
Cc	☐	Pp	☐
Dd	☐	Qq	☐
Ee	☐	Rr	☐
Ff	☐	Ss	☐
Gg	☐	Tt	☐
Hh	☐	Uu	☐
Ii	☐	Vv	☐
Jj	☐	Ww	☐
Kk	☐	Xx	☐
Ll	☐	Yy	☐
Mm	☐	Zz	☐

Toll! Du hast die Schönschrift-Prüfung bestanden und kannst in leserlicher und schöner Schrift schreiben.

Weiter so!

Datum und Unterschrift

Der *Schönschrift*-Führerschein

Foto Schüler/-in

Name

© Brigg Pädagogik Verlag GmbH, Augsburg · Best.Nr. 1030 (Buch), 1035 (Führerscheine)

Diese Schönschrift-Seiten habe ich bearbeitet:

Aa	☐	Nn	☐
Bb	☐	Oo	☐
Cc	☐	Pp	☐
Dd	☐	Qq	☐
Ee	☐	Rr	☐
Ff	☐	Ss	☐
Gg	☐	Tt	☐
Hh	☐	Uu	☐
Ii	☐	Vv	☐
Jj	☐	Ww	☐
Kk	☐	Xx	☐
Ll	☐	Yy	☐
Mm	☐	Zz	☐

Toll! Du hast die Schönschrift-Prüfung bestanden und kannst in leserlicher und schöner Schrift schreiben.

Weiter so!

Datum und Unterschrift

Der *Schönschrift*-Führerschein

Foto Schüler/-in

Name

Diese Schönschrift-Seiten habe ich bearbeitet:

Aa	☐	Nn	☐
Bb	☐	Oo	☐
Cc	☐	Pp	☐
Dd	☐	Qq	☐
Ee	☐	Rr	☐
Ff	☐	Ss	☐
Gg	☐	Tt	☐
Hh	☐	Uu	☐
Ii	☐	Vv	☐
Jj	☐	Ww	☐
Kk	☐	Xx	☐
Ll	☐	Yy	☐
Mm	☐	Zz	☐

Toll! Du hast die Schönschrift-Prüfung bestanden und kannst in leserlicher und schöner Schrift schreiben.

Weiter so!

Datum und Unterschrift

Der *Schönschrift*-Führerschein

Foto Schüler/-in

Name

© Brigg Pädagogik Verlag GmbH, Augsburg · Best.Nr. 1030 (Buch), 1035 (Führerscheine)

Diese Schönschrift-Seiten habe ich bearbeitet:

Aa	☐	Nn	☐
Bb	☐	Oo	☐
Cc	☐	Pp	☐
Dd	☐	Qq	☐
Ee	☐	Rr	☐
Ff	☐	Ss	☐
Gg	☐	Tt	☐
Hh	☐	Uu	☐
Ii	☐	Vv	☐
Jj	☐	Ww	☐
Kk	☐	Xx	☐
Ll	☐	Yy	☐
Mm	☐	Zz	☐

Toll! Du hast die Schönschrift-Prüfung bestanden und kannst in leserlicher und schöner Schrift schreiben.

Weiter so!

Datum und Unterschrift

Der *Schönschrift*-Führerschein

Foto Schüler/-in

Name

Diese Schönschrift-Seiten habe ich bearbeitet:

Aa	☐	Nn	☐
Bb	☐	Oo	☐
Cc	☐	Pp	☐
Dd	☐	Qq	☐
Ee	☐	Rr	☐
Ff	☐	Ss	☐
Gg	☐	Tt	☐
Hh	☐	Uu	☐
Ii	☐	Vv	☐
Jj	☐	Ww	☐
Kk	☐	Xx	☐
Ll	☐	Yy	☐
Mm	☐	Zz	☐

Toll! Du hast die Schönschrift-Prüfung bestanden und kannst in leserlicher und schöner Schrift schreiben.

Weiter so!

Datum und Unterschrift

Der *Schönschrift*-Führerschein

Foto Schüler/-in

Name

© Brigg Pädagogik Verlag GmbH, Augsburg · Best.Nr. 1030 (Buch), 1035 (Führerscheine)

Diese Schönschrift-Seiten habe ich bearbeitet:

Aa ☐ Nn ☐
Bb ☐ Oo ☐
Cc ☐ Pp ☐
Dd ☐ Qq ☐
Ee ☐ Rr ☐
Ff ☐ Ss ☐
Gg ☐ Tt ☐
Hh ☐ Uu ☐
Ii ☐ Vv ☐
Jj ☐ Ww ☐
Kk ☐ Xx ☐
Ll ☐ Yy ☐
Mm ☐ Zz ☐

Toll! Du hast die Schönschrift-Prüfung bestanden und kannst in leserlicher und schöner Schrift schreiben.

Weiter so!

Datum und Unterschrift

Der *Schönschrift-* Führerschein

Foto
Schüler/-in

Name

Diese Schönschrift-Seiten habe ich bearbeitet:

Aa	☐	Nn	☐
Bb	☐	Oo	☐
Cc	☐	Pp	☐
Dd	☐	Qq	☐
Ee	☐	Rr	☐
Ff	☐	Ss	☐
Gg	☐	Tt	☐
Hh	☐	Uu	☐
Ii	☐	Vv	☐
Jj	☐	Ww	☐
Kk	☐	Xx	☐
Ll	☐	Yy	☐
Mm	☐	Zz	☐

Toll! Du hast die Schönschrift-Prüfung bestanden und kannst in leserlicher und schöner Schrift schreiben.

Weiter so!

Datum und Unterschrift

Der *Schönschrift-* Führerschein

Foto
Schüler/-in

Name

© Brigg Pädagogik Verlag GmbH, Augsburg · Best.Nr. 1030 (Buch), 1035 (Führerscheine)

Diese Schönschrift-Seiten habe ich bearbeitet:

Aa ☐ Nn ☐
Bb ☐ Oo ☐
Cc ☐ Pp ☐
Dd ☐ Qq ☐
Ee ☐ Rr ☐
Ff ☐ Ss ☐
Gg ☐ Tt ☐
Hh ☐ Uu ☐
Ii ☐ Vv ☐
Jj ☐ Ww ☐
Kk ☐ Xx ☐
Ll ☐ Yy ☐
Mm ☐ Zz ☐

Toll! Du hast die Schönschrift-Prüfung bestanden und kannst in leserlicher und schöner Schrift schreiben.

Weiter so!

Datum und Unterschrift

Der *Schönschrift*-Führerschein

Foto
Schüler/-in

Name

Diese Schönschrift-Seiten habe ich bearbeitet:

Aa	☐	Nn	☐
Bb	☐	Oo	☐
Cc	☐	Pp	☐
Dd	☐	Qq	☐
Ee	☐	Rr	☐
Ff	☐	Ss	☐
Gg	☐	Tt	☐
Hh	☐	Uu	☐
Ii	☐	Vv	☐
Jj	☐	Ww	☐
Kk	☐	Xx	☐
Ll	☐	Yy	☐
Mm	☐	Zz	☐

Toll! Du hast die Schönschrift-Prüfung bestanden und kannst in leserlicher und schöner Schrift schreiben.

Weiter so!

Datum und Unterschrift

Der *Schönschrift*-Führerschein

Foto
Schüler/-in

Name

© Brigg Pädagogik Verlag GmbH, Augsburg · Best.Nr. 1030 (Buch), 1035 (Führerscheine)

Diese Schönschrift-Seiten habe ich bearbeitet:

Aa	☐	Nn	☐
Bb	☐	Oo	☐
Cc	☐	Pp	☐
Dd	☐	Qq	☐
Ee	☐	Rr	☐
Ff	☐	Ss	☐
Gg	☐	Tt	☐
Hh	☐	Uu	☐
Ii	☐	Vv	☐
Jj	☐	Ww	☐
Kk	☐	Xx	☐
Ll	☐	Yy	☐
Mm	☐	Zz	☐

Toll! Du hast die Schönschrift-Prüfung bestanden und kannst in leserlicher und schöner Schrift schreiben.

Weiter so!

Datum und Unterschrift

Der *Schönschrift*-Führerschein

Foto
Schüler/-in

Name

Diese Schönschrift-Seiten habe ich bearbeitet:

Aa	☐	Nn	☐
Bb	☐	Oo	☐
Cc	☐	Pp	☐
Dd	☐	Qq	☐
Ee	☐	Rr	☐
Ff	☐	Ss	☐
Gg	☐	Tt	☐
Hh	☐	Uu	☐
Ii	☐	Vv	☐
Jj	☐	Ww	☐
Kk	☐	Xx	☐
Ll	☐	Yy	☐
Mm	☐	Zz	☐

Toll! Du hast die Schönschrift-Prüfung bestanden und kannst in leserlicher und schöner Schrift schreiben.

Weiter so!

Datum und Unterschrift

Der *Schönschrift*-Führerschein

Foto
Schüler/-in

Name

Diese Schönschrift-Seiten habe ich bearbeitet:

Aa	☐	Nn	☐
Bb	☐	Oo	☐
Cc	☐	Pp	☐
Dd	☐	Qq	☐
Ee	☐	Rr	☐
Ff	☐	Ss	☐
Gg	☐	Tt	☐
Hh	☐	Uu	☐
Ii	☐	Vv	☐
Jj	☐	Ww	☐
Kk	☐	Xx	☐
Ll	☐	Yy	☐
Mm	☐	Zz	☐

Toll! Du hast die Schönschrift-Prüfung bestanden und kannst in leserlicher und schöner Schrift schreiben.

Weiter so!

Datum und Unterschrift

Der Schönschrift-Führerschein

Foto
Schüler/-in

Name

Diese Schönschrift-Seiten habe ich bearbeitet:

Aa	☐	Nn	☐
Bb	☐	Oo	☐
Cc	☐	Pp	☐
Dd	☐	Qq	☐
Ee	☐	Rr	☐
Ff	☐	Ss	☐
Gg	☐	Tt	☐
Hh	☐	Uu	☐
Ii	☐	Vv	☐
Jj	☐	Ww	☐
Kk	☐	Xx	☐
Ll	☐	Yy	☐
Mm	☐	Zz	☐

Toll! Du hast die Schönschrift-Prüfung bestanden und kannst in leserlicher und schöner Schrift schreiben.

Weiter so!

Datum und Unterschrift

Der Schönschrift-Führerschein

Foto
Schüler/-in

Name

© Brigg Pädagogik Verlag GmbH, Augsburg · Best.Nr. 1030 (Buch), 1035 (Führerscheine)

Diese Schönschrift-Seiten habe ich bearbeitet:

Aa	☐	Nn	☐
Bb	☐	Oo	☐
Cc	☐	Pp	☐
Dd	☐	Qq	☐
Ee	☐	Rr	☐
Ff	☐	Ss	☐
Gg	☐	Tt	☐
Hh	☐	Uu	☐
Ii	☐	Vv	☐
Jj	☐	Ww	☐
Kk	☐	Xx	☐
Ll	☐	Yy	☐
Mm	☐	Zz	☐

Toll! Du hast die Schönschrift-Prüfung bestanden und kannst in leserlicher und schöner Schrift schreiben.

Weiter so!

Datum und Unterschrift

Der *Schönschrift*-Führerschein

Foto
Schüler/-in

Name

Diese Schönschrift-Seiten habe ich bearbeitet:

Aa	☐	Nn	☐
Bb	☐	Oo	☐
Cc	☐	Pp	☐
Dd	☐	Qq	☐
Ee	☐	Rr	☐
Ff	☐	Ss	☐
Gg	☐	Tt	☐
Hh	☐	Uu	☐
Ii	☐	Vv	☐
Jj	☐	Ww	☐
Kk	☐	Xx	☐
Ll	☐	Yy	☐
Mm	☐	Zz	☐

Toll! Du hast die Schönschrift-Prüfung bestanden und kannst in leserlicher und schöner Schrift schreiben.

Weiter so!

Datum und Unterschrift

Der *Schönschrift*-Führerschein

Foto
Schüler/-in

Name

© Brigg Pädagogik Verlag GmbH, Augsburg · Best.Nr. 1030 (Buch), 1035 (Führerscheine)

Diese Schönschrift-Seiten habe ich bearbeitet:

Aa	☐	Nn	☐
Bb	☐	Oo	☐
Cc	☐	Pp	☐
Dd	☐	Qq	☐
Ee	☐	Rr	☐
Ff	☐	Ss	☐
Gg	☐	Tt	☐
Hh	☐	Uu	☐
Ii	☐	Vv	☐
Jj	☐	Ww	☐
Kk	☐	Xx	☐
Ll	☐	Yy	☐
Mm	☐	Zz	☐

Toll! Du hast die Schönschrift-Prüfung bestanden und kannst in leserlicher und schöner Schrift schreiben.

Weiter so!

Datum und Unterschrift

Der *Schönschrift*-Führerschein

Foto
Schüler/-in

Name

Diese Schönschrift-Seiten habe ich bearbeitet:

Aa	☐	Nn	☐
Bb	☐	Oo	☐
Cc	☐	Pp	☐
Dd	☐	Qq	☐
Ee	☐	Rr	☐
Ff	☐	Ss	☐
Gg	☐	Tt	☐
Hh	☐	Uu	☐
Ii	☐	Vv	☐
Jj	☐	Ww	☐
Kk	☐	Xx	☐
Ll	☐	Yy	☐
Mm	☐	Zz	☐

Toll! Du hast die Schönschrift-Prüfung bestanden und kannst in leserlicher und schöner Schrift schreiben.

Weiter so!

Datum und Unterschrift

Der *Schönschrift*-Führerschein

Foto
Schüler/-in

Name

Diese Schönschrift-Seiten habe ich bearbeitet:

Aa	☐	Nn	☐
Bb	☐	Oo	☐
Cc	☐	Pp	☐
Dd	☐	Qq	☐
Ee	☐	Rr	☐
Ff	☐	Ss	☐
Gg	☐	Tt	☐
Hh	☐	Uu	☐
Ii	☐	Vv	☐
Jj	☐	Ww	☐
Kk	☐	Xx	☐
Ll	☐	Yy	☐
Mm	☐	Zz	☐

Toll! Du hast die Schönschrift-Prüfung bestanden und kannst in leserlicher und schöner Schrift schreiben.

Weiter so!

Datum und Unterschrift

Der *Schönschrift*-Führerschein

Foto
Schüler/-in

Name

Diese Schönschrift-Seiten habe ich bearbeitet:

Aa	☐	Nn	☐
Bb	☐	Oo	☐
Cc	☐	Pp	☐
Dd	☐	Qq	☐
Ee	☐	Rr	☐
Ff	☐	Ss	☐
Gg	☐	Tt	☐
Hh	☐	Uu	☐
Ii	☐	Vv	☐
Jj	☐	Ww	☐
Kk	☐	Xx	☐
Ll	☐	Yy	☐
Mm	☐	Zz	☐

Toll! Du hast die Schönschrift-Prüfung bestanden und kannst in leserlicher und schöner Schrift schreiben.

Weiter so!

Datum und Unterschrift

Der *Schönschrift*-Führerschein

Foto
Schüler/-in

Name

© Brigg Pädagogik Verlag GmbH, Augsburg · Best.Nr. 1030 (Buch), 1035 (Führerscheine)

Diese Schönschrift-Seiten habe ich bearbeitet:

Aa	☐	Nn	☐
Bb	☐	Oo	☐
Cc	☐	Pp	☐
Dd	☐	Qq	☐
Ee	☐	Rr	☐
Ff	☐	Ss	☐
Gg	☐	Tt	☐
Hh	☐	Uu	☐
Ii	☐	Vv	☐
Jj	☐	Ww	☐
Kk	☐	Xx	☐
Ll	☐	Yy	☐
Mm	☐	Zz	☐

Toll! Du hast die Schönschrift-Prüfung bestanden und kannst in leserlicher und schöner Schrift schreiben.

Weiter so!

Datum und Unterschrift

Der *Schönschrift*-Führerschein

Foto Schüler/-in

Name

Diese Schönschrift-Seiten habe ich bearbeitet:

Aa	☐	Nn	☐
Bb	☐	Oo	☐
Cc	☐	Pp	☐
Dd	☐	Qq	☐
Ee	☐	Rr	☐
Ff	☐	Ss	☐
Gg	☐	Tt	☐
Hh	☐	Uu	☐
Ii	☐	Vv	☐
Jj	☐	Ww	☐
Kk	☐	Xx	☐
Ll	☐	Yy	☐
Mm	☐	Zz	☐

Toll! Du hast die Schönschrift-Prüfung bestanden und kannst in leserlicher und schöner Schrift schreiben.

Weiter so!

Datum und Unterschrift

Der *Schönschrift*-Führerschein

Foto Schüler/-in

Name

Diese Schönschrift-Seiten habe ich bearbeitet:

Aa	☐	Nn	☐
Bb	☐	Oo	☐
Cc	☐	Pp	☐
Dd	☐	Qq	☐
Ee	☐	Rr	☐
Ff	☐	Ss	☐
Gg	☐	Tt	☐
Hh	☐	Uu	☐
Ii	☐	Vv	☐
Jj	☐	Ww	☐
Kk	☐	Xx	☐
Ll	☐	Yy	☐
Mm	☐	Zz	☐

Toll! Du hast die Schönschrift-Prüfung bestanden und kannst in leserlicher und schöner Schrift schreiben.

Weiter so!

Datum und Unterschrift

Der *Schönschrift*-Führerschein

Foto
Schüler/-in

Name

Diese Schönschrift-Seiten habe ich bearbeitet:

Aa	☐	Nn	☐
Bb	☐	Oo	☐
Cc	☐	Pp	☐
Dd	☐	Qq	☐
Ee	☐	Rr	☐
Ff	☐	Ss	☐
Gg	☐	Tt	☐
Hh	☐	Uu	☐
Ii	☐	Vv	☐
Jj	☐	Ww	☐
Kk	☐	Xx	☐
Ll	☐	Yy	☐
Mm	☐	Zz	☐

Toll! Du hast die Schönschrift-Prüfung bestanden und kannst in leserlicher und schöner Schrift schreiben.

Weiter so!

Datum und Unterschrift

Der *Schönschrift*-Führerschein

Foto
Schüler/-in

Name

© Brigg Pädagogik Verlag GmbH, Augsburg · Best.Nr. 1030 (Buch), 1035 (Führerscheine)

Diese Schönschrift-Seiten habe ich bearbeitet:

Aa	☐	Nn	☐
Bb	☐	Oo	☐
Cc	☐	Pp	☐
Dd	☐	Qq	☐
Ee	☐	Rr	☐
Ff	☐	Ss	☐
Gg	☐	Tt	☐
Hh	☐	Uu	☐
Ii	☐	Vv	☐
Jj	☐	Ww	☐
Kk	☐	Xx	☐
Ll	☐	Yy	☐
Mm	☐	Zz	☐

Den Schönschrift-Führerschein bewahren die Schüler am besten in ihrem Etui auf.
Es ist sinnvoll, die Arbeitszeit als „Schönschrift-Zeit“ oder „Schönschrift-Stunden“ zu benennen und zwei- bis dreimal pro Woche durchzuführen.

Abschlussübungsteil (S. 76–77)

Wenn die Schüler alle bzw. viele Schönschrift-Arbeitsblätter bearbeitet und einige Abschreibtexte abgeschrieben haben, können die Schüler die **Generalprobe** für ihre Schönschrift-Prüfung durchführen: Sie schreiben alle Groß- und Kleinbuchstaben des Abc sowie die vorgegebenen Rätsel-Druckschriftwörter und Sätze in leserlicher Handschrift auf die Linien. Ggf. können Sie danach Tipps unter die Generalprobe schreiben.
Zuletzt führen die Schüler die **Schönschrift-Prüfung** durch, die bewusst genauso aufgebaut ist wie die Generalprobe. Allerdings müssen die Schüler andere Wörter und Sätze als in der Generalprobe schreiben. Nach der bestandenen Schönschrift-Prüfung können Sie den farbigen Schönschrift-Führerschein Ihrer Schüler unterschreiben und ihnen eine **Urkunde** (S.7) aushändigen.

Besondere Hinweise

Die **Lineatur** in Hauptübungsteil entspricht der für die 3. Klasse üblichen Mittelband-Lineatur. Wenn Sie für Ihre Schüler lieber eine einfache Lineatur nutzen wollen, so brauchen Sie beim Kopieren lediglich eine hellere Stufe einstellen. Die im Buch in Graustufen gesetzte obere Linie des Mittelbandes ist dann nicht mehr zu sehen. Für **Kinder mit besonderen graphomotorischen Schwächen** ist es empfehlenswert, die Arbeitsblätter auf DIN A3 zu kopieren.

Viel Erfolg und Spaß mit dem Schönschrift-Führerschein wünscht Ihnen und Ihren Schülern

Bernd Wehren

(Bitte kopieren und laminieren Sie für jeden Schüler die entsprechende Karte zur Aufbewahrung im Etui.)

Die Buchstaben-Schönschriftkarten

Druckschrift und Vereinfachte Ausgangsschrift

A a B b C c D d E e F f G g H h I i J j K k L l M m N n O o

P p Q q R r S s T t U u V v W w X x Y y Z z Ä ä Ö ö Ü ü ß

A a B b C c D d E e F f G g H h I i J j K k L l M m N n O o

P p Q q R r S s T t U u V v W w X x Y y Z z Ä ä Ö ö Ü ü ß

Druckschrift und Lateinische Ausgangsschrift

A a B b C c D d E e F f G g H h I i J j K k L l M m N n O o

P p Q q R r S s T t U u V v W w X x Y y Z z Ä ä Ö ö Ü ü ß

A a B b C c D d E e F f G g H h I i J j K k L l M m N n O o

P p Q q R r S s T t U u V v W w X x Y y Z z Ä ä Ö ö Ü ü ß

Druckschrift und Schulausgangsschrift

A a B b C c D d E e F f G g H h I i J j K k L l M m N n O o

P p Q q R r S s T t U u V v W w X x Y y Z z Ä ä Ö ö Ü ü ß

A a B b C c D d E e F f G g H h I i J j K k L l M m N n O o

P p Q q R r S s T t U u V v W w X x Y y Z z Ä ä Ö ö Ü ü ß

Druckschrift und Grundschrift

A a B b C c D d E e F f G g H h I i J j K k L l M m N n O o

P p Q q R r S s T t U u V v W w X x Y y Z z Ä ä Ö ö Ü ü ß

A a B b C c D d E e F f G g H h I i J j K k L l M m N n O o

P p Q q R r S s T t U u V v W w X x Y y Z z Ä ä Ö ö Ü ü ß

Urkunde

für

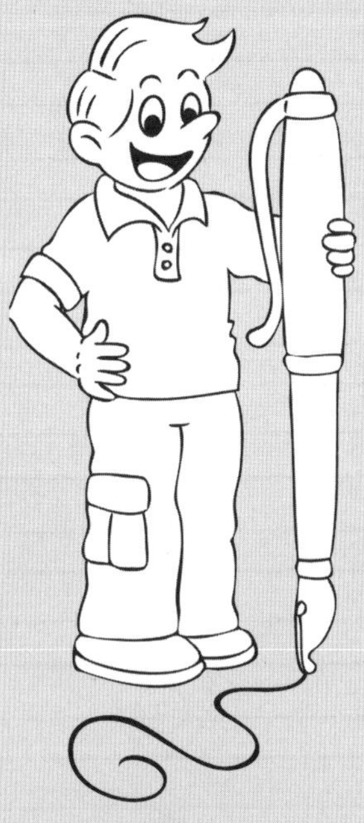

Du kannst in leserlicher und schöner Handschrift
Buchstaben, Wörter und Sätze schreiben.
Toll!

Ort, Datum

Unterschrift

Spure die Formen und Figuren zuerst nach, male sie dann daneben.

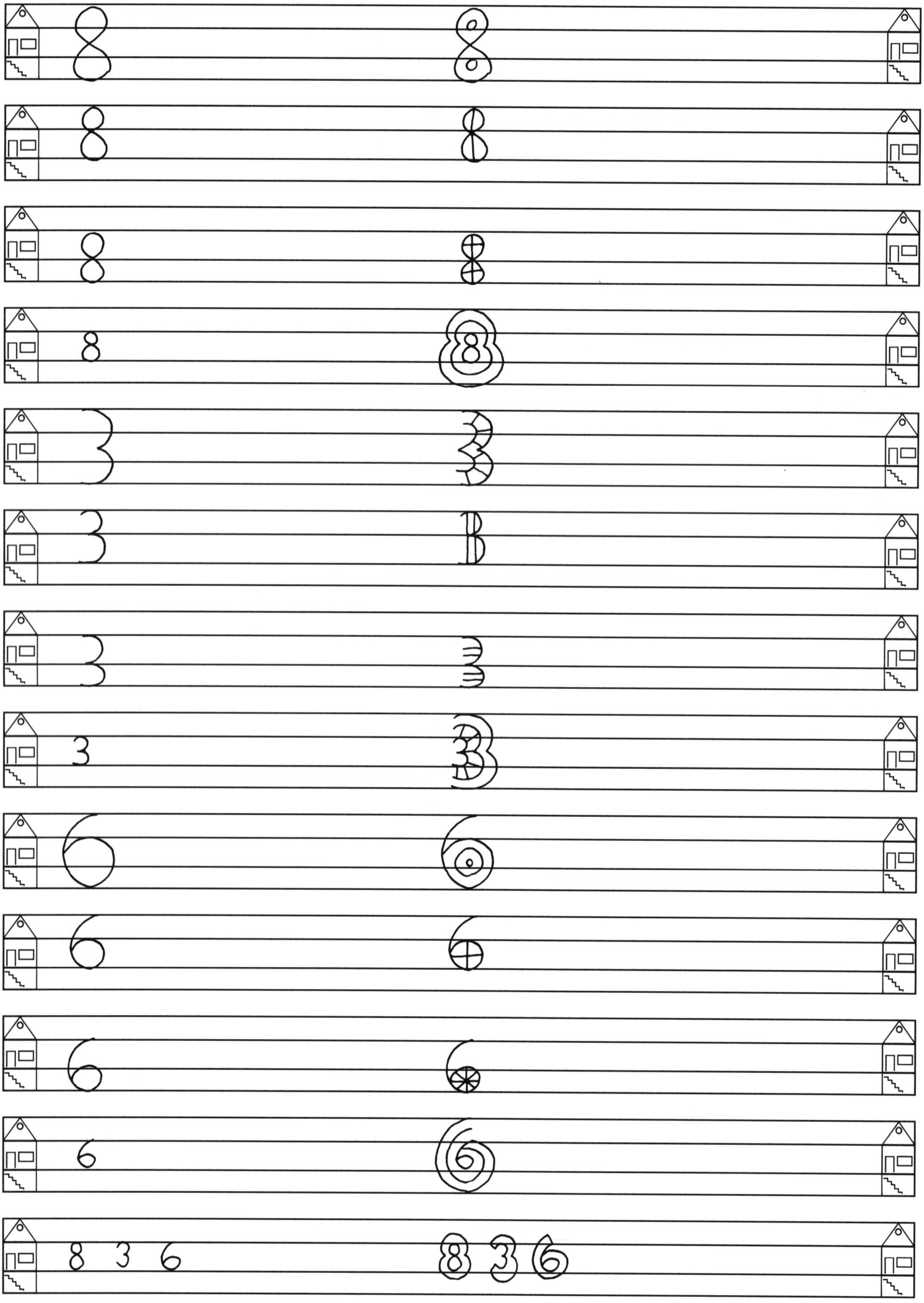

Fertig? Dann male Charlie Schönschrift an.

Spure die Formen und Figuren zuerst nach, male sie dann daneben.

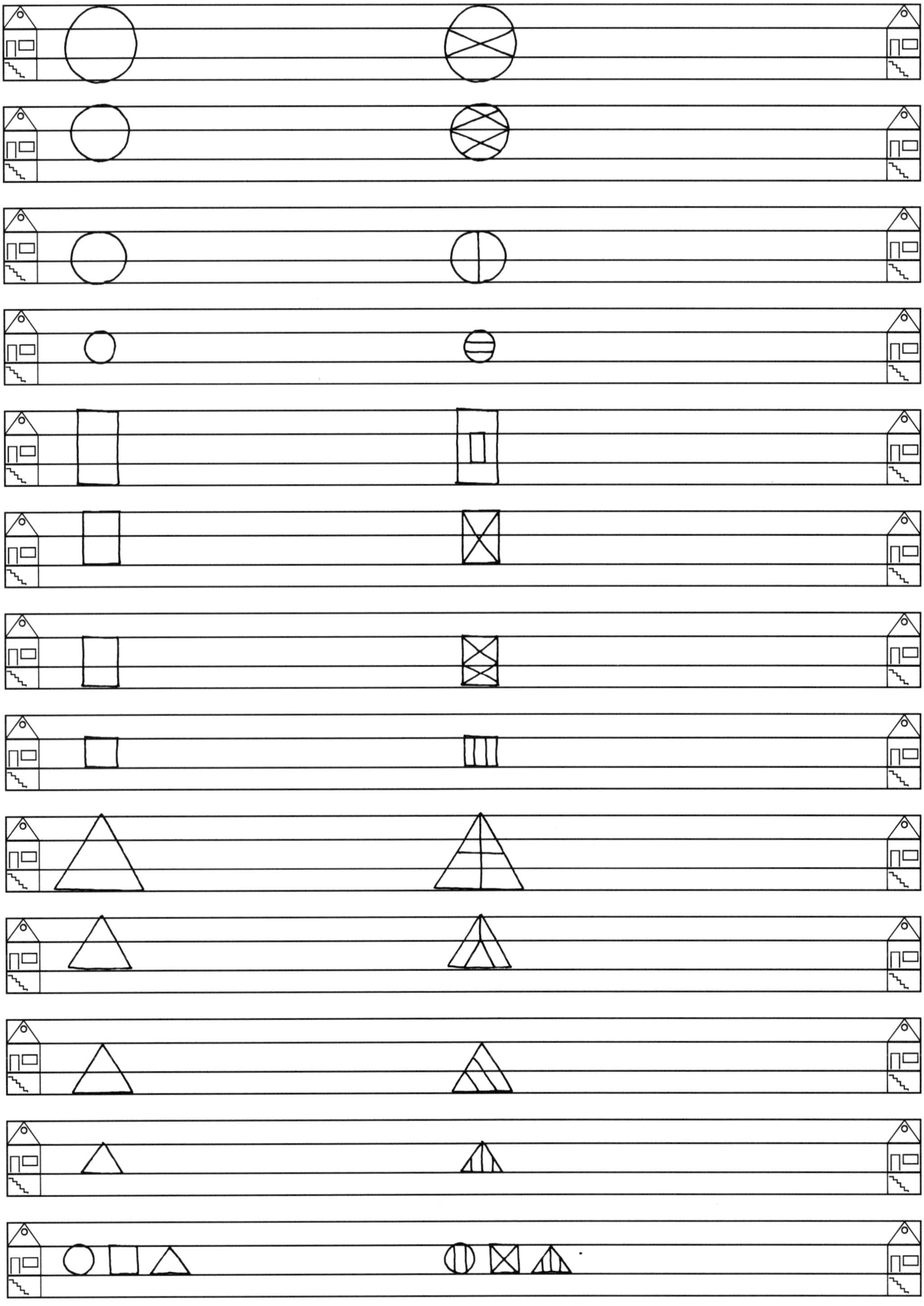

Fertig? Dann male Charlie Schönschrift an.

Spure die Formen und Figuren zuerst nach, male sie dann daneben.

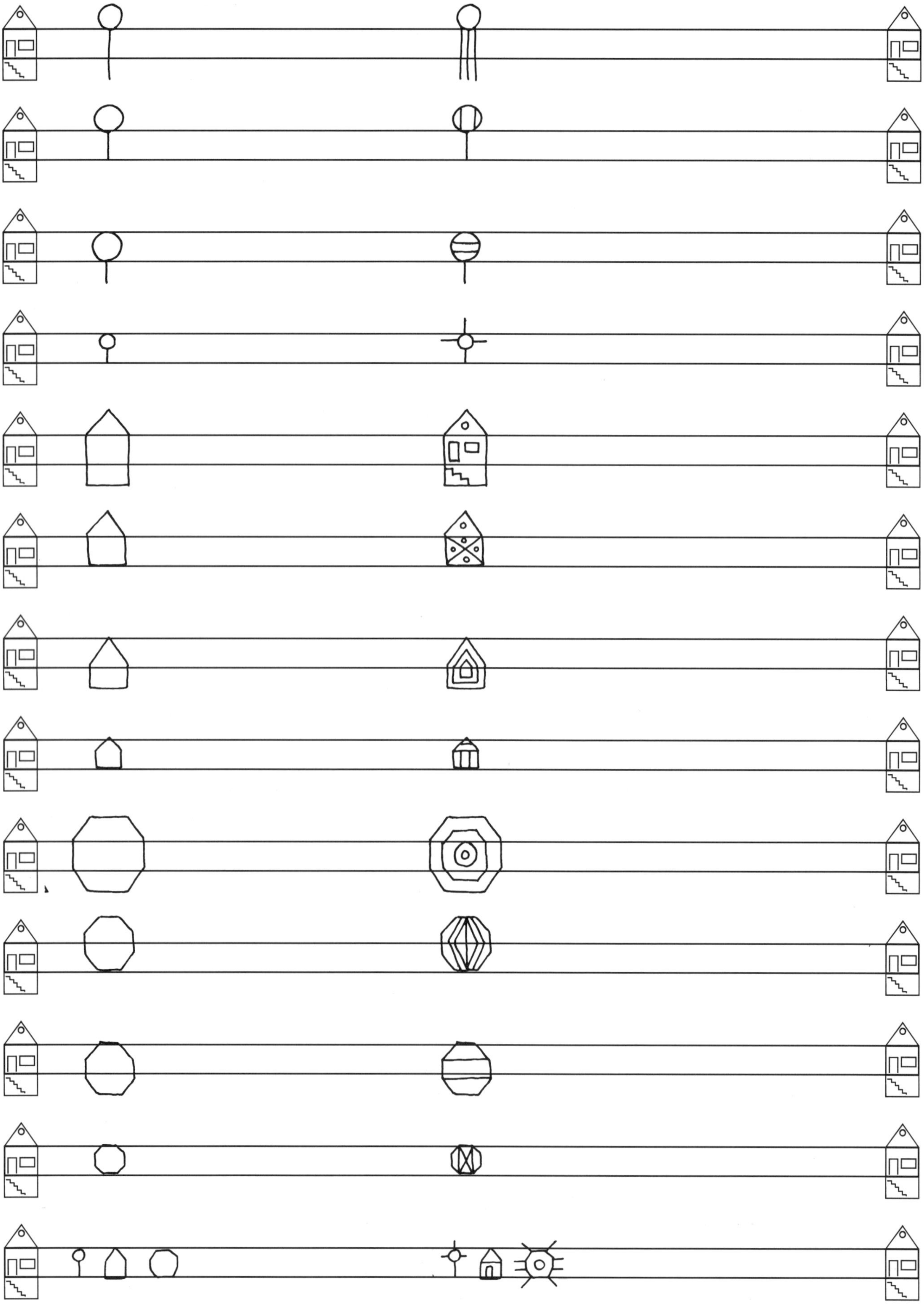

Fertig? Dann male Charlie Schönschrift an.

Spure die Formen und Figuren zuerst nach, male sie dann daneben.

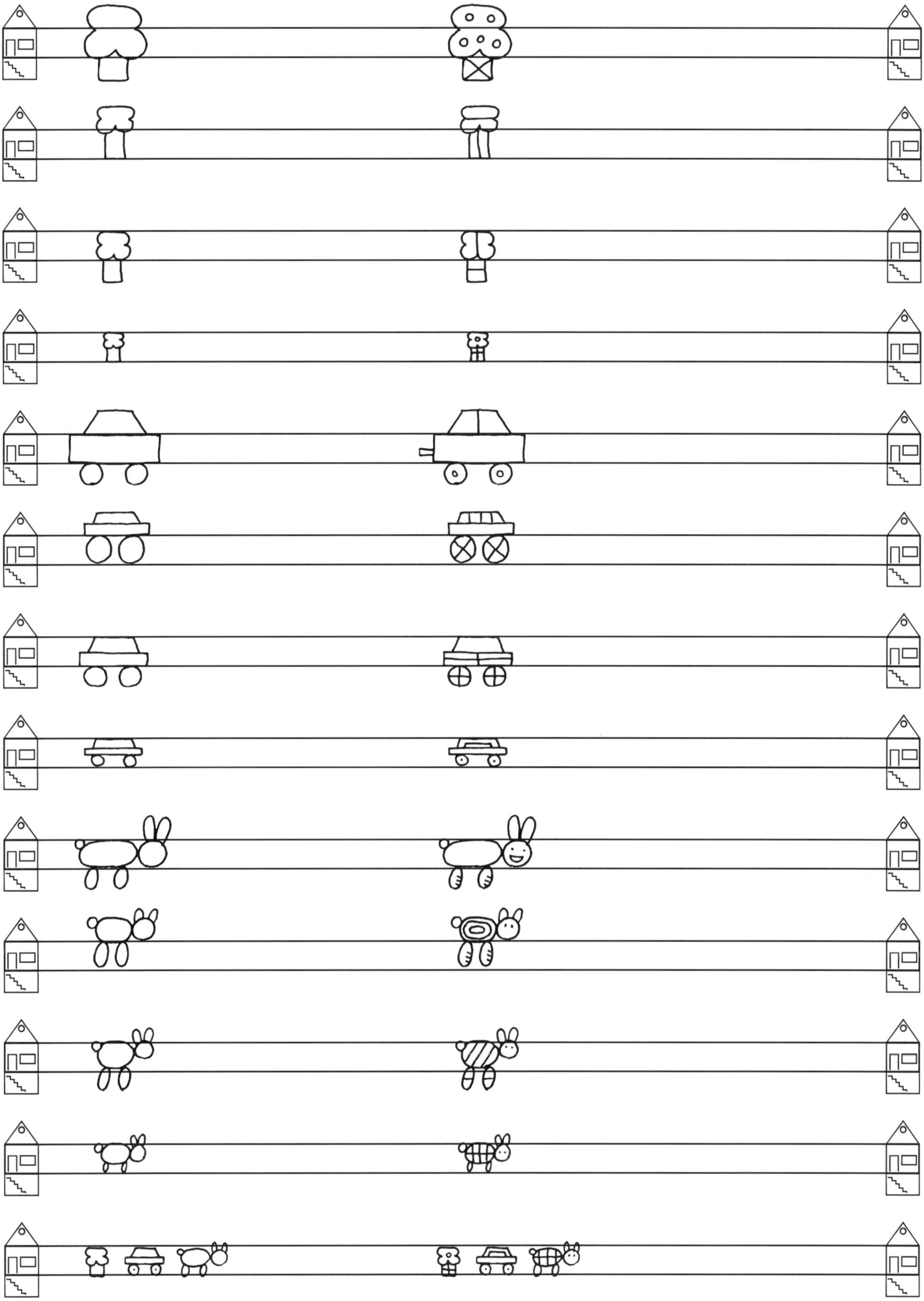

Fertig? Dann male Charlie Schönschrift an.

Spure die Formen und Figuren zuerst nach, male sie dann daneben.

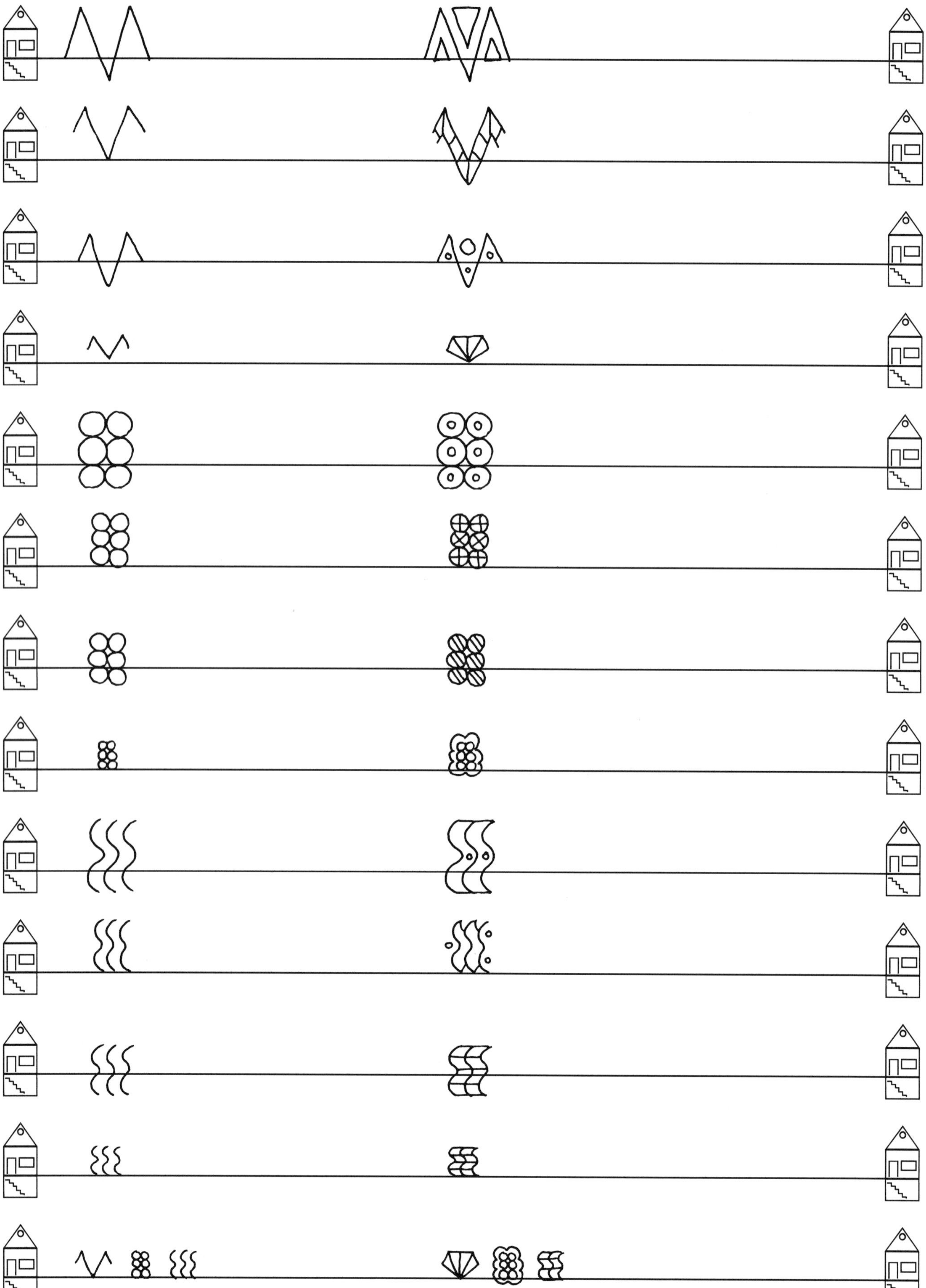

Fertig? Dann male Charlie Schönschrift an.

Spure die Formen und Figuren zuerst nach, male sie dann daneben.

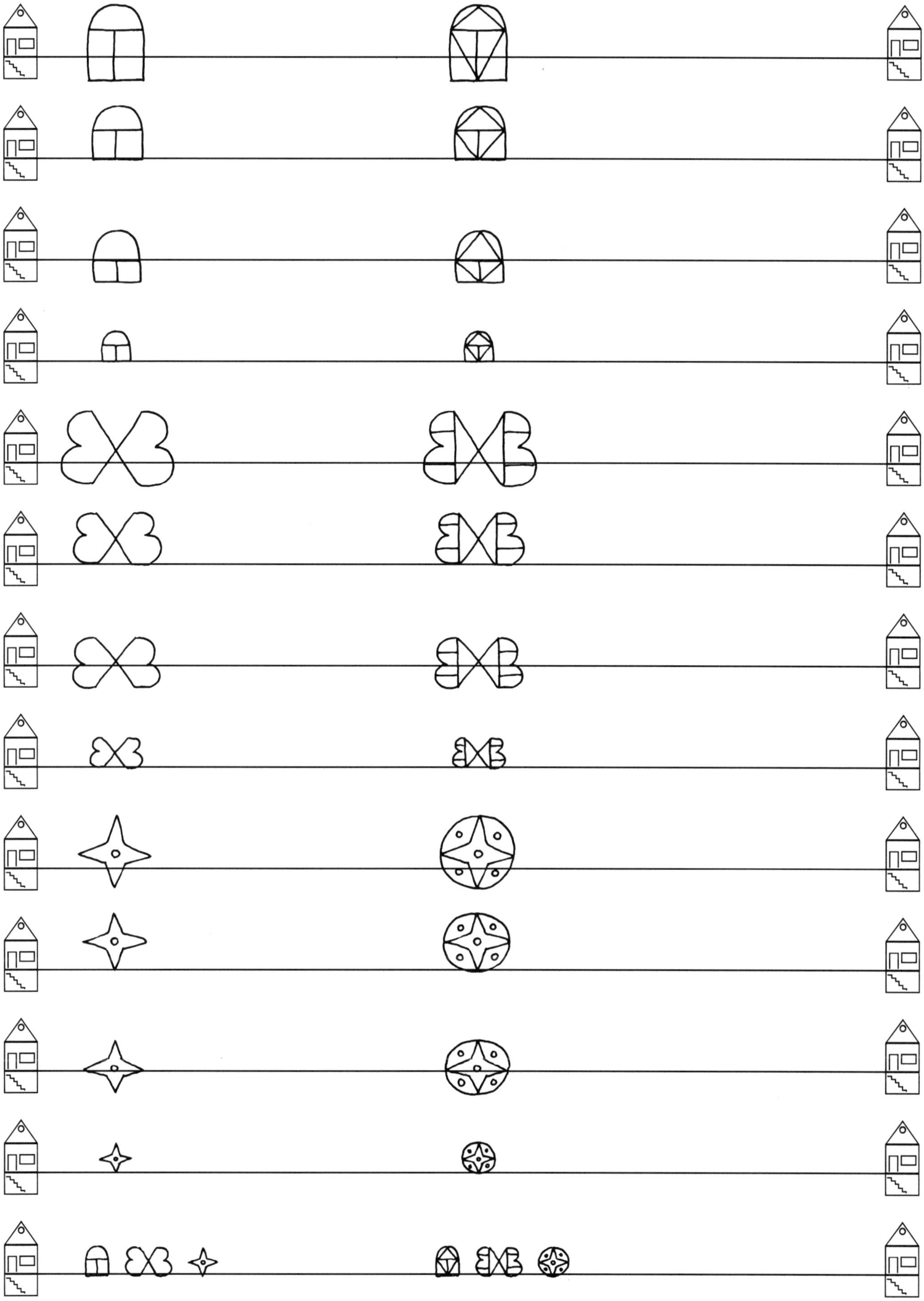

Fertig? Dann male Charlie Schönschrift an.

Schreibe Buchstaben, Wörter und Sätze in einer Schrift deiner Wahl auf die Linien.

Druckschrift

Aa Bb Cc Dd Ee Ff Gg Hh Ii Jj Kk Ll Mm Nn

Oo Pp Qq Rr Ss Tt Uu Vv Ww Xx Yy Zz Ää Öö Üü ß

Vereinfachte Ausgangsschrift

Aa Bb Cc Dd Ee Ff Gg Hh Ii Jj Kk Ll Mm Nn

Oo Pp Qq Rr Ss Tt Uu Vv Ww Xx Yy Zz Ää Öö Üü ß

Lateinische Ausgangsschrift

Aa Bb Cc Dd Ee Ff Gg Hh Ii Jj Kk Ll Mm Nn

Oo Pp Qq Rr Ss Tt Uu Vv Ww Xx Yy Zz Ää Öö Üü ß

Schulausgangsschrift

Aa Bb Cc Dd Ee Ff Gg Hh Ii Jj Kk Ll Mm Nn

Oo Pp Qq Rr Ss Tt Uu Vv Ww Xx Yy Zz Ää Öö Üü ß

Grundschrift

Aa Bb Cc Dd Ee Ff Gg Hh Ii Jj Kk Ll Mm Nn

Oo Pp Qq Rr Ss Tt Uu Vv Ww Xx Yy Zz Ää Öö Üü ß

Fertig? Dann male Charlie Schönschrift an.

Schreibe Buchstaben, Wörter und Sätze in einer Schrift deiner Wahl auf die Linien.

Druckschrift

A a B b C c D d E e F f G g H h I i J j K k L l M m N n

O o P p Q q R r S s T t U u V v W w X x Y y Z z Ä ä Ö ö Ü ü ß

Vereinfachte Ausgangsschrift

A a B b C c D d E e F f G g H h I i J j K k L l M m N n

O o P p Q q R r S s T t U u V v W w X x Y y Z z Ä ä Ö ö Ü ü ß

Lateinische Ausgangsschrift

A a B b C c D d E e F f G g H h I i J j K k L l M m N n

O o P p Q q R r S s T t U u V v W w X x Y y Z z Ä ä Ö ö Ü ü ß

Schulausgangsschrift

A a B b C c D d E e F f G g H h I i J j K k L l M m N n

O o P p Q q R r S s T t U u V v W w X x Y y Z z Ä ä Ö ö Ü ü ß

Grundschrift

A a B b C c D d E e F f G g H h I i J j K k L l M m N n

O o P p Q q R r S s T t U u V v W w X x Y y Z z Ä ä Ö ö Ü ü ß

Fertig? Dann male Charlie Schönschrift an.

1. Schreibe die Buchstaben mithilfe der Buchstabenkarte mehrfach in Schönschrift auf die Linien.

A

a

2. Schreibe die Rätselwörter richtig und in Schönschrift auf die Linien. Nutze die Buchstabenkarte als Hilfe.

ab

der Abend

abends

aber

acht

achtzig

der Affe

alle

als

die Ampel

anrufen

3. Schreibe den Rätselsatz richtig und in Schönschrift auf die Linie:

Acht Affen stehen abends an der Ampel.

4. Erfinde mit den Aa-Wörtern einen eigenen Satz. Schreibe ihn in Schönschrift auf die Linie.

5. Tausche dieses Schönschrift-Blatt mit deinem Tischnachbarn. Dein Tischnachbar kreist nun mit Bleistift unleserliche Buchstaben und Wörter ein. Verbessere diese Stellen.

Fertig? Dann male Charlie Schönschrift an.

1. Schreibe die Buchstaben mithilfe der Buchstabenkarte mehrfach in Schönschrift auf die Linien.

A

a

2. Schreibe die Rätselwörter richtig und in Schönschrift auf die Linien. Nutze die Buchstabenkarte als Hilfe.

der Anruf

antworten

der April

arbeiten

die Arbeit

der Arm

der Arzt

die Aufgabe

aufgeben

der August

das Auto

3. Schreibe den Rätselsatz richtig und in Schönschrift auf die Linie:

Der Arzt arbeitet im August und im April.

4. Erfinde mit den Aa-Wörtern einen eigenen Satz. Schreibe ihn in Schönschrift auf die Linie.

5. Tausche dieses Schönschrift-Blatt mit deinem Tischnachbarn. Dein Tischnachbar kreist nun mit Bleistift unleserliche Buchstaben und Wörter ein. Verbessere diese Stellen.

Fertig? Dann male Charlie Schönschrift an.

1. Schreibe die Buchstaben mithilfe der Buchstabenkarte mehrfach in Schönschrift auf die Linien.

B

b

2. Schreibe die Rätselwörter richtig und in Schönschrift auf die Linien. Nutze die Buchstabenkarte als Hilfe.

das Baby

baden

das Bad

der Ball

die Bank

bauen

der Bau

der Baum

das Bein

das Bild

das Blatt

3. Schreibe den Rätselsatz richtig und in Schönschrift auf die Linie:

Das Baby badet mit dem blauen Ball.

4. Erfinde mit den Bb-Wörtern einen eigenen Satz. Schreibe ihn in Schönschrift auf die Linie.

5. Tausche dieses Schönschrift-Blatt mit deinem Tischnachbarn. Dein Tischnachbar kreist nun mit Bleistift unleserliche Buchstaben und Wörter ein. Verbessere diese Stellen.

Fertig? Dann male Charlie Schönschrift an.

1. Schreibe die Buchstaben mithilfe der Buchstabenkarte mehrfach in Schönschrift auf die Linien.

B

b

2. Schreibe die Rätselwörter richtig und in Schönschrift auf die Linien. Nutze die Buchstabenkarte als Hilfe.

blau

bleiben

der Bleistift

die Blume

das Boot

böse

der Brief

das Brötchen

der Bruder

die Bücherei

bunt

3. Schreibe den Rätselsatz richtig und in Schönschrift auf die Linie:

Der Bruder liest ein Buch im Bus.

4. Erfinde mit den Bb-Wörtern einen eigenen Satz. Schreibe ihn in Schönschrift auf die Linie.

5. Tausche dieses Schönschrift-Blatt mit deinem Tischnachbarn. Dein Tischnachbar kreist nun mit Bleistift unleserliche Buchstaben und Wörter ein. Verbessere diese Stellen.

Fertig? Dann male Charlie Schönschrift an.

1. Schreibe die Buchstaben mithilfe der Buchstabenkarte mehrfach in Schönschrift auf die Linien.

C

c

2. Schreibe die Rätselwörter richtig und in Schönschrift auf die Linien. Nutze die Buchstabenkarte als Hilfe.

das Cabrio

das Café

campen

der Campingplatz

der CD-Player

die CD-ROM

das Cello

der Cent

die Chance

der Chef

China

3. Schreibe den Rätselsatz richtig und in Schönschrift auf die Linie:

Der Chef fährt mit dem Cabrio ins Café.

4. Erfinde mit den Cc-Wörtern einen eigenen Satz. Schreibe ihn in Schönschrift auf die Linie.

5. Tausche dieses Schönschrift-Blatt mit deinem Tischnachbarn. Dein Tischnachbar kreist nun mit Bleistift unleserliche Buchstaben und Wörter ein. Verbessere diese Stellen.

Fertig? Dann male Charlie Schönschrift an.

1. Schreibe die Buchstaben mithilfe der Buchstabenkarte mehrfach in Schönschrift auf die Linien.

C

c

2. Schreibe die Rätselwörter richtig und in Schönschrift auf die Linien. Nutze die Buchstabenkarte als Hilfe.

der Chor

der Christbaum

clever

die Cleverness

der Clown

der Comic

der Computer

der Container

die Cornflakes

der Cowboy

die Currywurst

3. Schreibe den Rätselsatz richtig und in Schönschrift auf die Linie:

Der Cowboy und der Clown essen Cornflakes.

4. Erfinde mit den Cc-Wörtern einen eigenen Satz. Schreibe ihn in Schönschrift auf die Linie.

5. Tausche dieses Schönschrift-Blatt mit deinem Tischnachbarn. Dein Tischnachbar kreist nun mit Bleistift unleserliche Buchstaben und Wörter ein. Verbessere diese Stellen.

Fertig? Dann male Charlie Schönschrift an.

1. Schreibe die Buchstaben mithilfe der Buchstabenkarte mehrfach in Schönschrift auf die Linien.

D

d

2. Schreibe die Rätselwörter richtig und in Schönschrift auf die Linien. Nutze die Buchstabenkarte als Hilfe.

dabei

danken

dankbar

dann

davon

dein

denken

denn

der Dezember

dick

dieser

3. Schreibe den Rätselsatz richtig und in Schönschrift auf die Linie:

Im Dezember denken Dackel an dicke Würste.

4. Erfinde mit den Dd-Wörtern einen eigenen Satz. Schreibe ihn in Schönschrift auf die Linie.

5. Tausche dieses Schönschrift-Blatt mit deinem Tischnachbarn. Dein Tischnachbar kreist nun mit Bleistift unleserliche Buchstaben und Wörter ein. Verbessere diese Stellen.

Fertig? Dann male Charlie Schönschrift an.

1. Schreibe die Buchstaben mithilfe der Buchstabenkarte mehrfach in Schönschrift auf die Linien.

D

d

2. Schreibe die Rätselwörter richtig und in Schönschrift auf die Linien. Nutze die Buchstabenkarte als Hilfe.

der Dienstag

dienstags

der Dinosaurier

der Donnerstag

donnerstags

draußen

drei

dreißig

dumm

die Dummheit

dünn

3. Schreibe den Rätselsatz richtig und in Schönschrift auf die Linie:

Draußen dösen drei dumme Dinosaurier.

4. Erfinde mit den Dd-Wörtern einen eigenen Satz. Schreibe ihn in Schönschrift auf die Linie.

5. Tausche dieses Schönschrift-Blatt mit deinem Tischnachbarn. Dein Tischnachbar kreist nun mit Bleistift unleserliche Buchstaben und Wörter ein. Verbessere diese Stellen.

Fertig? Dann male Charlie Schönschrift an.

1. Schreibe die Buchstaben mithilfe der Buchstabenkarte mehrfach in Schönschrift auf die Linien.

E

e

2. Schreibe die Rätselwörter richtig und in Schönschrift auf die Linien. Nutze die Buchstabenkarte als Hilfe.

das iE

erein

enkaufein

der fuakEin

meinal

nsei

das malEineins

das iEs

der leEtanf

fle

die ltEern

3. Schreibe den Rätselsatz richtig und in Schönschrift auf die Linie:

eDi ltEern enkauf fle leEtanfen.

4. Erfinde mit den Ee-Wörtern einen eigenen Satz. Schreibe ihn in Schönschrift auf die Linie.

5. Tausche dieses Schönschrift-Blatt mit deinem Tischnachbarn. Dein Tischnachbar kreist nun mit Bleistift unleserliche Buchstaben und Wörter ein. Verbessere diese Stellen.

Fertig? Dann male Charlie Schönschrift an.

1. Schreibe die Buchstaben mithilfe der Buchstabenkarte mehrfach in Schönschrift auf die Linien.

E

e

2. Schreibe die Rätselwörter richtig und in Schönschrift auf die Linien. Nutze die Buchstabenkarte als Hilfe.

das deEn

die nteE

die dEre

kläreren

die rEungklär

zäherlen

der lerErzäh

eness

das Eenss

waset

ehuc

3. Schreibe den Rätselsatz richtig und in Schönschrift auf die Linie:

eDi nteEn eness iEer und zäherlen chis waset.

4. Erfinde mit den Ee-Wörtern einen eigenen Satz. Schreibe ihn in Schönschrift auf die Linie.

5. Tausche dieses Schönschrift-Blatt mit deinem Tischnachbarn. Dein Tischnachbar kreist nun mit Bleistift unleserliche Buchstaben und Wörter ein. Verbessere diese Stellen.

Fertig? Dann male Charlie Schönschrift an.

1. Schreibe die Buchstaben mithilfe der Buchstabenkarte mehrfach in Schönschrift auf die Linien.

F

f

2. Schreibe die Rätselwörter richtig und in Schönschrift auf die Linien. Nutze die Buchstabenkarte als Hilfe.

fahren

die Fahrt

das Fahrrad

fallen

falsch

die Familie

fangen

der Februar

der Fehler

feiern

die Ferien

3. Schreibe den Rätselsatz richtig und in Schönschrift auf die Linie:

Die Familie fährt in die Ferien.

4. Erfinde mit den Ff-Wörtern einen eigenen Satz. Schreibe ihn in Schönschrift auf die Linie.

5. Tausche dieses Schönschrift-Blatt mit deinem Tischnachbarn. Dein Tischnachbar kreist nun mit Bleistift unleserliche Buchstaben und Wörter ein. Verbessere diese Stellen.

Fertig? Dann male Charlie Schönschrift an.

1. Schreibe die Buchstaben mithilfe der Buchstabenkarte mehrfach in Schönschrift auf die Linien.

F

f

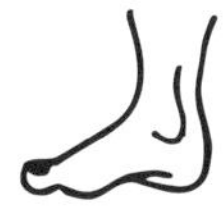

2. Schreibe die Rätselwörter richtig und in Schönschrift auf die Linien. Nutze die Buchstabenkarte als Hilfe.

der Fernseher

fernsehen

der Finger

fliegen

das Flugzeug

die Frage

der Freitag

freitags

freuen

der Freund

der Frühling

3. Schreibe den Rätselsatz richtig und in Schönschrift auf die Linie:

Am Freitag fliegen die Freunde im Flugzeug.

4. Erfinde mit den Ff-Wörtern einen eigenen Satz. Schreibe ihn in Schönschrift auf die Linie.

5. Tausche dieses Schönschrift-Blatt mit deinem Tischnachbarn. Dein Tischnachbar kreist nun mit Bleistift unleserliche Buchstaben und Wörter ein. Verbessere diese Stellen.

Fertig? Dann male Charlie Schönschrift an.

1. Schreibe die Buchstaben mithilfe der Buchstabenkarte mehrfach in Schönschrift auf die Linien.

G

g

2. Schreibe die Rätselwörter richtig und in Schönschrift auf die Linien. Nutze die Buchstabenkarte als Hilfe.

ganz

der Garten

geben

der Geburtstag

gehen

gelb

das Geld

das Gemüse

das Geschenk

die Geschichte

das Gesicht

3. Schreibe den Rätselsatz richtig und in Schönschrift auf die Linie:

Am Geburtstag gibt es schöne Geschenke.

4. Erfinde mit den Gg-Wörtern einen eigenen Satz. Schreibe ihn in Schönschrift auf die Linie.

5. Tausche dieses Schönschrift-Blatt mit deinem Tischnachbarn. Dein Tischnachbar kreist nun mit Bleistift unleserliche Buchstaben und Wörter ein. Verbessere diese Stellen.

Fertig? Dann male Charlie Schönschrift an.

1. Schreibe die Buchstaben mithilfe der Buchstabenkarte mehrfach in Schönschrift auf die Linien.

G

g

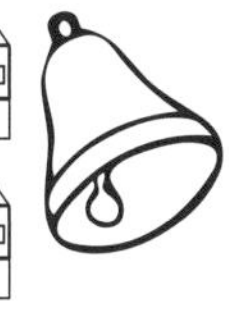

2. Schreibe die Rätselwörter richtig und in Schönschrift auf die Linien. Nutze die Buchstabenkarte als Hilfe.

gestern

gesund

die Gesundheit

das Glas

glücklich

das Glück

das Gras

groß

die Größe

grün

gut

3. Schreibe den Rätselsatz richtig und in Schönschrift auf die Linie:

Die Gänse gehen glücklich durch das Gras.

4. Erfinde mit den Gg-Wörtern einen eigenen Satz. Schreibe ihn in Schönschrift auf die Linie.

5. Tausche dieses Schönschrift-Blatt mit deinem Tischnachbarn. Dein Tischnachbar kreist nun mit Bleistift unleserliche Buchstaben und Wörter ein. Verbessere diese Stellen.

Fertig? Dann male Charlie Schönschrift an.

1. Schreibe die Buchstaben mithilfe der Buchstabenkarte mehrfach in Schönschrift auf die Linien.

H

h

2. Schreibe die Rätselwörter richtig und in Schönschrift auf die Linien. Nutze die Buchstabenkarte als Hilfe.

die Haare

der Hals

halten

die Hand

hart

der Hase

das Haus

heiß

die Hitze

helfen

die Hilfe

3. Schreibe den Rätselsatz richtig und in Schönschrift auf die Linie:

Der Hase hockt bei der Hitze im Haus.

4. Erfinde mit den Hh-Wörtern einen eigenen Satz. Schreibe ihn in Schönschrift auf die Linie.

5. Tausche dieses Schönschrift-Blatt mit deinem Tischnachbarn. Dein Tischnachbar kreist nun mit Bleistift unleserliche Buchstaben und Wörter ein. Verbessere diese Stellen.

Fertig? Dann male Charlie Schönschrift an.

1. Schreibe die Buchstaben mithilfe der Buchstabenkarte mehrfach in Schönschrift auf die Linien.

H

h

2. Schreibe die Rätselwörter richtig und in Schönschrift auf die Linien. Nutze die Buchstabenkarte als Hilfe.

hell

das Heft

das Hemd

der Herbst

der Herr

herrschen

das Herz

heute

hören

der Hund

hungrig

3. Schreibe den Rätselsatz richtig und in Schönschrift auf die Linie:

Im Herbst haben Hunde Hunger.

4. Erfinde mit den Hh-Wörtern einen eigenen Satz. Schreibe ihn in Schönschrift auf die Linie.

5. Tausche dieses Schönschrift-Blatt mit deinem Tischnachbarn. Dein Tischnachbar kreist nun mit Bleistift unleserliche Buchstaben und Wörter ein. Verbessere diese Stellen.

Fertig? Dann male Charlie Schönschrift an.

1. Schreibe die Buchstaben mithilfe der Buchstabenkarte mehrfach in Schönschrift auf die Linien.

I

i

2. Schreibe die Rätselwörter richtig und in Schönschrift auf die Linien. Nutze die Buchstabenkarte als Hilfe.

ich

die Idee

ideenreich

der Igel

das Iglu

ihm

ihr

immer

der Indianer

die Inliner

das Insekt

3. Schreibe den Rätselsatz richtig und in Schönschrift auf die Linie:

Der Igel hat im Iglu immer Ideen.

4. Erfinde mit den Ii-Wörtern einen eigenen Satz. Schreibe ihn in Schönschrift auf die Linie.

5. Tausche dieses Schönschrift-Blatt mit deinem Tischnachbarn. Dein Tischnachbar kreist nun mit Bleistift unleserliche Buchstaben und Wörter ein. Verbessere diese Stellen.

Fertig? Dann male Charlie Schönschrift an.

1. Schreibe die Buchstaben mithilfe der Buchstabenkarte mehrfach in Schönschrift auf die Linien.

I

i

2. Schreibe die Rätselwörter richtig und in Schönschrift auf die Linien. Nutze die Buchstabenkarte als Hilfe.

die Insel

insgesamt

interessant

das Interesse

interessieren

das Internet

das Interview

das Instrument

inzwischen

irren

der Irrtum

3. Schreibe den Rätselsatz richtig und in Schönschrift auf die Linie:

Das Interesse für das Internet ist groß.

4. Erfinde mit den Ii-Wörtern einen eigenen Satz. Schreibe ihn in Schönschrift auf die Linie.

5. Tausche dieses Schönschrift-Blatt mit deinem Tischnachbarn. Dein Tischnachbar kreist nun mit Bleistift unleserliche Buchstaben und Wörter ein. Verbessere diese Stellen.

Fertig? Dann male Charlie Schönschrift an.

1. Schreibe die Buchstaben mithilfe der Buchstabenkarte mehrfach in Schönschrift auf die Linien.

J

j

2. Schreibe die Rätselwörter richtig und in Schönschrift auf die Linien. Nutze die Buchstabenkarte als Hilfe.

die ckeJa

jgena

der gerJä

das hJar

der Jnuaar

die snJea

djeer

dochje

jedman

ejtzt

dejoln

3. Schreibe den Rätselsatz richtig und in Schönschrift auf die Linie:

eDr gerJä tjag udn dejolt mi Jnuaar.

4. Erfinde mit den Jj-Wörtern einen eigenen Satz. Schreibe ihn in Schönschrift auf die Linie.

5. Tausche dieses Schönschrift-Blatt mit deinem Tischnachbarn. Dein Tischnachbar kreist nun mit Bleistift unleserliche Buchstaben und Wörter ein. Verbessere diese Stellen.

Fertig? Dann male Charlie Schönschrift an.

1. Schreibe die Buchstaben mithilfe der Buchstabenkarte mehrfach in Schönschrift auf die Linien.

J

j

2. Schreibe die Rätselwörter richtig und in Schönschrift auf die Linien. Nutze die Buchstabenkarte als Hilfe.

genjog

der ggJoer

der tJogur

bejuln

der beJul

enjuck

das Jduo

der uliJ

der ngeJu

unjg

der Jniu

3. Schreibe den Rätselsatz richtig und in Schönschrift auf die Linie:

eDr unjge ggJoer gtjog mi uliJ udn Jniu.

4. Erfinde mit den Jj-Wörtern einen eigenen Satz. Schreibe ihn in Schönschrift auf die Linie.

5. Tausche dieses Schönschrift-Blatt mit deinem Tischnachbarn. Dein Tischnachbar kreist nun mit Bleistift unleserliche Buchstaben und Wörter ein. Verbessere diese Stellen.

Fertig? Dann male Charlie Schönschrift an.

1. Schreibe die Buchstaben mithilfe der Buchstabenkarte mehrfach in Schönschrift auf die Linien.

K

k

2. Schreibe die Rätselwörter richtig und in Schönschrift auf die Linien. Nutze die Buchstabenkarte als Hilfe.

die Kabine

der Käfer

der Kaffee

der Käfig

der Kakao

der Kalender

kalt

der Kamm

kämpfen

kaputt

der Käse

3. Schreibe den Rätselsatz richtig und in Schönschrift auf die Linie:

Der Käfer trinkt Kaffee und kaut Käse.

4. Erfinde mit den Kk-Wörtern einen eigenen Satz. Schreibe ihn in Schönschrift auf die Linie.

5. Tausche dieses Schönschrift-Blatt mit deinem Tischnachbarn. Dein Tischnachbar kreist nun mit Bleistift unleserliche Buchstaben und Wörter ein. Verbessere diese Stellen.

Fertig? Dann male Charlie Schönschrift an.

1. Schreibe die Buchstaben mithilfe der Buchstabenkarte mehrfach in Schönschrift auf die Linien.

K

k

2. Schreibe die Rätselwörter richtig und in Schönschrift auf die Linien. Nutze die Buchstabenkarte als Hilfe.

die Katze

kaufen

keiner

das Kind

kindisch

die Klasse

klein

kommen

können

der Kopf

die Krankheit

3. Schreibe den Rätselsatz richtig und in Schönschrift auf die Linie:

Die Kinder der Klasse kaufen kleine Katzen.

4. Erfinde mit den Kk-Wörtern einen eigenen Satz. Schreibe ihn in Schönschrift auf die Linie.

5. Tausche dieses Schönschrift-Blatt mit deinem Tischnachbarn. Dein Tischnachbar kreist nun mit Bleistift unleserliche Buchstaben und Wörter ein. Verbessere diese Stellen.

Fertig? Dann male Charlie Schönschrift an.

1. Schreibe die Buchstaben mithilfe der Buchstabenkarte mehrfach in Schönschrift auf die Linien.

L

l

2. Schreibe die Rätselwörter richtig und in Schönschrift auf die Linien. Nutze die Buchstabenkarte als Hilfe.

lachen

das Land

lang

die Länge

laut

die Lautstärke

das Leben

legen

der Lehrer

lehren

leicht

3. Schreibe den Rätselsatz richtig und in Schönschrift auf die Linie:

Die Lehrer lachen gerne laut.

4. Erfinde mit den Ll-Wörtern einen eigenen Satz. Schreibe ihn in Schönschrift auf die Linie.

5. Tausche dieses Schönschrift-Blatt mit deinem Tischnachbarn. Dein Tischnachbar kreist nun mit Bleistift unleserliche Buchstaben und Wörter ein. Verbessere diese Stellen.

Fertig? Dann male Charlie Schönschrift an.

1. Schreibe die Buchstaben mithilfe der Buchstabenkarte mehrfach in Schönschrift auf die Linien.

L

l

2. Schreibe die Rätselwörter richtig und in Schönschrift auf die Linien. Nutze die Buchstabenkarte als Hilfe.

lernen

lesen

die Leute

das Lexikon

das Licht

die Liebe

lieben

liegen

links

der Löwe

lustig

3. Schreibe den Rätselsatz richtig und in Schönschrift auf die Linie:

Die lustigen Löwen lesen im Lexikon.

4. Erfinde mit den Ll-Wörtern einen eigenen Satz. Schreibe ihn in Schönschrift auf die Linie.

5. Tausche dieses Schönschrift-Blatt mit deinem Tischnachbarn. Dein Tischnachbar kreist nun mit Bleistift unleserliche Buchstaben und Wörter ein. Verbessere diese Stellen.

Fertig? Dann male Charlie Schönschrift an.

1. Schreibe die Buchstaben mithilfe der Buchstabenkarte mehrfach in Schönschrift auf die Linien.

M

m

2. Schreibe die Rätselwörter richtig und in Schönschrift auf die Linien. Nutze die Buchstabenkarte als Hilfe.

das Mädchen

das Märchen

der Mai

malen

der Mann

der März

die Maus

das Meer

der Mensch

das Messer

die Minute

3. Schreibe den Rätselsatz richtig und in Schönschrift auf die Linie:

Maler malen eine Maus in einer Minute.

4. Erfinde mit den Mm-Wörtern einen eigenen Satz. Schreibe ihn in Schönschrift auf die Linie.

5. Tausche dieses Schönschrift-Blatt mit deinem Tischnachbarn. Dein Tischnachbar kreist nun mit Bleistift unleserliche Buchstaben und Wörter ein. Verbessere diese Stellen.

Fertig? Dann male Charlie Schönschrift an.

1. Schreibe die Buchstaben mithilfe der Buchstabenkarte mehrfach in Schönschrift auf die Linien.

M

m

2. Schreibe die Rätselwörter richtig und in Schönschrift auf die Linien. Nutze die Buchstabenkarte als Hilfe.

der Mittag

mittags

der Mittwoch

mittwochs

der Monat

der Montag

montags

der Morgen

morgens

die Musik

müssen

die Mutter

3. Schreibe den Rätselsatz richtig und in Schönschrift auf die Linie:

Morgens und mittags macht die Mutter Musik.

4. Erfinde mit den Mm-Wörtern einen eigenen Satz. Schreibe ihn in Schönschrift auf die Linie.

5. Tausche dieses Schönschrift-Blatt mit deinem Tischnachbarn. Dein Tischnachbar kreist nun mit Bleistift unleserliche Buchstaben und Wörter ein. Verbessere diese Stellen.

Fertig? Dann male Charlie Schönschrift an.

1. Schreibe die Buchstaben mithilfe der Buchstabenkarte mehrfach in Schönschrift auf die Linien.

N

n

2. Schreibe die Rätselwörter richtig und in Schönschrift auf die Linien. Nutze die Buchstabenkarte als Hilfe.

nach

der Nachbar

die Nacht

nachts

der Nagel

der Name

die Nase

nass

der Nebel

nebelig

nehmen

3. Schreibe den Rätselsatz richtig und in Schönschrift auf die Linie:

Nikos Nase ist nachts nass.

4. Erfinde mit den Nn-Wörtern einen eigenen Satz. Schreibe ihn in Schönschrift auf die Linie.

5. Tausche dieses Schönschrift-Blatt mit deinem Tischnachbarn. Dein Tischnachbar kreist nun mit Bleistift unleserliche Buchstaben und Wörter ein. Verbessere diese Stellen.

Fertig? Dann male Charlie Schönschrift an.

1. Schreibe die Buchstaben mithilfe der Buchstabenkarte mehrfach in Schönschrift auf die Linien.

N

n

2. Schreibe die Rätselwörter richtig und in Schönschrift auf die Linien. Nutze die Buchstabenkarte als Hilfe.

neugierig

die Neuigkeit

neun

neunzig

nicht

nie

der November

die Nudel

null

die Nummer

die Nuss

3. Schreibe den Rätselsatz richtig und in Schönschrift auf die Linie:

Im November futtert der Nachbar Nudeln.

4. Erfinde mit den Nn-Wörtern einen eigenen Satz. Schreibe ihn in Schönschrift auf die Linie.

5. Tausche dieses Schönschrift-Blatt mit deinem Tischnachbarn. Dein Tischnachbar kreist nun mit Bleistift unleserliche Buchstaben und Wörter ein. Verbessere diese Stellen.

Fertig? Dann male Charlie Schönschrift an.

1. Schreibe die Buchstaben mithilfe der Buchstabenkarte mehrfach in Schönschrift auf die Linien.

O

o

2. Schreibe die Rätselwörter richtig und in Schönschrift auf die Linien. Nutze die Buchstabenkarte als Hilfe.

boen

das stOb

oerd

der enOf

ffoen

nenöff

ohen

das hrO

der toOkber

die piadeOlym

die mOa

3. Schreibe den Rätselsatz richtig und in Schönschrift auf die Linie:

ml toOkber mchta mOa fto lettOme.

4. Erfinde mit den Oo-Wörtern einen eigenen Satz. Schreibe ihn in Schönschrift auf die Linie.

5. Tausche dieses Schönschrift-Blatt mit deinem Tischnachbarn. Dein Tischnachbar kreist nun mit Bleistift unleserliche Buchstaben und Wörter ein. Verbessere diese Stellen.

Fertig? Dann male Charlie Schönschrift an.

1. Schreibe die Buchstaben mithilfe der Buchstabenkarte mehrfach in Schönschrift auf die Linien.

O

o

2. Schreibe die Rätselwörter richtig und in Schönschrift auf die Linien. Nutze die Buchstabenkarte als Hilfe.

der kelOn

der pOa

die ionOperat

ranoge

das cheOrster

nenord

die nunOrdg

die gelOr

der stOen

voal

der zeOan

3. Schreibe den Rätselsatz richtig und in Schönschrift auf die Linie:

eDr kelOn sielpt mi cheOrster ufa edr gelOr.

4. Erfinde mit den Oo-Wörtern einen eigenen Satz. Schreibe ihn in Schönschrift auf die Linie.

5. Tausche dieses Schönschrift-Blatt mit deinem Tischnachbarn. Dein Tischnachbar kreist nun mit Bleistift unleserliche Buchstaben und Wörter ein. Verbessere diese Stellen.

Fertig? Dann male Charlie Schönschrift an.

1. Schreibe die Buchstaben mithilfe der Buchstabenkarte mehrfach in Schönschrift auf die Linien.

P

p

2. Schreibe die Rätselwörter richtig und in Schönschrift auf die Linien. Nutze die Buchstabenkarte als Hilfe.

das Paar

die Packung

der Papagei

das Papier

die Party

die Pause

das Pferd

die Pflanze

pflanzen

pflücken

die Pizza

3. Schreibe den Rätselsatz richtig und in Schönschrift auf die Linie:

Pferde und Papageien pausieren in der Pizzeria.

4. Erfinde mit den Pp-Wörtern einen eigenen Satz. Schreibe ihn in Schönschrift auf die Linie.

5. Tausche dieses Schönschrift-Blatt mit deinem Tischnachbarn. Dein Tischnachbar kreist nun mit Bleistift unleserliche Buchstaben und Wörter ein. Verbessere diese Stellen.

Fertig? Dann male Charlie Schönschrift an.

1. Schreibe die Buchstaben mithilfe der Buchstabenkarte mehrfach in Schönschrift auf die Linien.

P

p

2. Schreibe die Rätselwörter richtig und in Schönschrift auf die Linien. Nutze die Buchstabenkarte als Hilfe.

das Plakat

planen

der Plan

plötzlich

die Post

der Postbote

der Pullover

die Puppe

putzen

das Puzzle

die Pyramide

3. Schreibe den Rätselsatz richtig und in Schönschrift auf die Linie:

Plötzlich putzen Putzfrauen die Puppen.

4. Erfinde mit den Pp-Wörtern einen eigenen Satz. Schreibe ihn in Schönschrift auf die Linie.

5. Tausche dieses Schönschrift-Blatt mit deinem Tischnachbarn. Dein Tischnachbar kreist nun mit Bleistift unleserliche Buchstaben und Wörter ein. Verbessere diese Stellen.

Fertig? Dann male Charlie Schönschrift an.

1. Schreibe die Buchstaben mithilfe der Buchstabenkarte mehrfach in Schönschrift auf die Linien.

Q

q

2. Schreibe die Rätselwörter richtig und in Schönschrift auf die Linien. Nutze die Buchstabenkarte als Hilfe.

der Quader

das Quadrat

quadratisch

quaken

quälen

die Qualle

der Quark

das Quartett

das Quartier

quasseln

der Quatsch

quatschen

3. Schreibe den Rätselsatz richtig und in Schönschrift auf die Linie:

Die Quallen quasseln über Quartette.

4. Erfinde mit den Qq-Wörtern einen eigenen Satz. Schreibe ihn in Schönschrift auf die Linie.

5. Tausche dieses Schönschrift-Blatt mit deinem Tischnachbarn. Dein Tischnachbar kreist nun mit Bleistift unleserliche Buchstaben und Wörter ein. Verbessere diese Stellen.

Fertig? Dann male Charlie Schönschrift an.

1. Schreibe die Buchstaben mithilfe der Buchstabenkarte mehrfach in Schönschrift auf die Linien.

Q

q

2. Schreibe die Rätselwörter richtig und in Schönschrift auf die Linien. Nutze die Buchstabenkarte als Hilfe.

die Quelle

quengeln

quer

quetschen

quieken

quietschen

der Quirl

quirlig

quitt

die Quittung

das Quiz

3. Schreibe den Rätselsatz richtig und in Schönschrift auf die Linie:

Beim Quiz quengeln quirlige Kandidaten.

4. Erfinde mit den Qq-Wörtern einen eigenen Satz. Schreibe ihn in Schönschrift auf die Linie.

5. Tausche dieses Schönschrift-Blatt mit deinem Tischnachbarn. Dein Tischnachbar kreist nun mit Bleistift unleserliche Buchstaben und Wörter ein. Verbessere diese Stellen.

Fertig? Dann male Charlie Schönschrift an.

1. Schreibe die Buchstaben mithilfe der Buchstabenkarte mehrfach in Schönschrift auf die Linien.

R

r

2. Schreibe die Rätselwörter richtig und in Schönschrift auf die Linien. Nutze die Buchstabenkarte als Hilfe.

das Rad

das Radiexgummi

die Rakete

dex Ranzen

das Rätsek

xätsekhaft

dex Räubex

xauben

xechnen

das Rechteck

xechts

3. Schreibe den Rätselsatz richtig und in Schönschrift auf die Linie:

Die Räubex xauben einen Ranzen.

4. Erfinde mit den Rr-Wörtern einen eigenen Satz. Schreibe ihn in Schönschrift auf die Linie.

5. Tausche dieses Schönschrift-Blatt mit deinem Tischnachbarn. Dein Tischnachbar kreist nun mit Bleistift unleserliche Buchstaben und Wörter ein. Verbessere diese Stellen.

Fertig? Dann male Charlie Schönschrift an.

1. Schreibe die Buchstaben mithilfe der Buchstabenkarte mehrfach in Schönschrift auf die Linien.

R

r

2. Schreibe die Rätselwörter richtig und in Schönschrift auf die Linien. Nutze die Buchstabenkarte als Hilfe.

dex Regen

xeich

xeisen

die Reise

xetten

die Rettung

xichtig

xiechen

xot

xufen

xuhig

3. Schreibe den Rätselsatz richtig und in Schönschrift auf die Linie:

Dex xeiche Riese xeist duxch Russland.

4. Erfinde mit den Rr-Wörtern einen eigenen Satz. Schreibe ihn in Schönschrift auf die Linie.

5. Tausche dieses Schönschrift-Blatt mit deinem Tischnachbarn. Dein Tischnachbar kreist nun mit Bleistift unleserliche Buchstaben und Wörter ein. Verbessere diese Stellen.

Fertig? Dann male Charlie Schönschrift an.

1. Schreibe die Buchstaben mithilfe der Buchstabenkarte mehrfach in Schönschrift auf die Linien.

S

s

2. Schreibe die Rätselwörter richtig und in Schönschrift auf die Linien. Nutze die Buchstabenkarte als Hilfe.

sagen

das Salz

salzig

sammeln

der Samstag

samstags

der Sand

der Satz

schauen

die Schere

schlafen

3. Schreibe den Rätselsatz richtig und in Schönschrift auf die Linie:

Am Samstag schlafen Schafe im Sand.

4. Erfinde mit den Ss-Wörtern einen eigenen Satz. Schreibe ihn in Schönschrift auf die Linie.

5. Tausche dieses Schönschrift-Blatt mit deinem Tischnachbarn. Dein Tischnachbar kreist nun mit Bleistift unleserliche Buchstaben und Wörter ein. Verbessere diese Stellen.

Fertig? Dann male Charlie Schönschrift an.

1. Schreibe die Buchstaben mithilfe der Buchstabenkarte mehrfach in Schönschrift auf die Linien.

S

s

2. Schreibe die Rätselwörter richtig und in Schönschrift auf die Linien. Nutze die Buchstabenkarte als Hilfe.

der Schnee

schnell

schreiben

die Schrift

schwarz

der September

sitzen

der Sommer

der Sonntag

sonntags

spielen

3. Schreibe den Rätselsatz richtig und in Schönschrift auf die Linie:

Im Sommer schreiben alle schöne Postkarten.

4. Erfinde mit den Ss-Wörtern einen eigenen Satz. Schreibe ihn in Schönschrift auf die Linie.

5. Tausche dieses Schönschrift-Blatt mit deinem Tischnachbarn. Dein Tischnachbar kreist nun mit Bleistift unleserliche Buchstaben und Wörter ein. Verbessere diese Stellen.

Fertig? Dann male Charlie Schönschrift an.

1. Schreibe die Buchstaben mithilfe der Buchstabenkarte mehrfach in Schönschrift auf die Linien.

T

t

2. Schreibe die Rätselwörter richtig und in Schönschrift auf die Linien. Nutze die Buchstabenkarte als Hilfe.

die fTael

der agT

atnnke

die teTan

zentan

die schTae

die seTas

der eTe

renletefonie

der ellTer

das iTer

3. Schreibe den Rätselsatz richtig und in Schönschrift auf die Linie:

sendTau iTere zentan mu ide Teann.

4. Erfinde mit den Tt-Wörtern einen eigenen Satz. Schreibe ihn in Schönschrift auf die Linie.

5. Tausche dieses Schönschrift-Blatt mit deinem Tischnachbarn. Dein Tischnachbar kreist nun mit Bleistift unleserliche Buchstaben und Wörter ein. Verbessere diese Stellen.

Fertig? Dann male Charlie Schönschrift an.

1. Schreibe die Buchstaben mithilfe der Buchstabenkarte mehrfach in Schönschrift auf die Linien.

T

t

2. Schreibe die Rätselwörter richtig und in Schönschrift auf die Linien. Nutze die Buchstabenkarte als Hilfe.

der gTier

der ischT

die Tteroch

gentra

eträumn

der auTrm

rigtrau

die reppTe

trnkien

odemtrtz

das hirT-S

3. Schreibe den Rätselsatz richtig und in Schönschrift auf die Linie:

iDe Tteroch tträum vmo rigtrauen gTier.

4. Erfinde mit den Tt-Wörtern einen eigenen Satz. Schreibe ihn in Schönschrift auf die Linie.

5. Tausche dieses Schönschrift-Blatt mit deinem Tischnachbarn. Dein Tischnachbar kreist nun mit Bleistift unleserliche Buchstaben und Wörter ein. Verbessere diese Stellen.

Fertig? Dann male Charlie Schönschrift an.

1. Schreibe die Buchstaben mithilfe der Buchstabenkarte mehrfach in Schönschrift auf die Linien.

U

u

2. Schreibe die Rätselwörter richtig und in Schönschrift auf die Linien. Nutze die Buchstabenkarte als Hilfe.

üben

die Übung

über

überraschen

die Überraschung

das Ufo

die Uhr

der Unfall

ungefähr

das Ungeheuer

uns

3. Schreibe den Rätselsatz richtig und in Schönschrift auf die Linie:

Das Ungeheuer hatte einen Unfall.

4. Erfinde mit den Uu-Wörtern einen eigenen Satz. Schreibe ihn in Schönschrift auf die Linie.

5. Tausche dieses Schönschrift-Blatt mit deinem Tischnachbarn. Dein Tischnachbar kreist nun mit Bleistift unleserliche Buchstaben und Wörter ein. Verbessere diese Stellen.

Fertig? Dann male Charlie Schönschrift an.

1. Schreibe die Buchstaben mithilfe der Buchstabenkarte mehrfach in Schönschrift auf die Linien.

U

u

2. Schreibe die Rätselwörter richtig und in Schönschrift auf die Linien. Nutze die Buchstabenkarte als Hilfe.

unterhalten

die Unterhaltung

der Unterricht

der Unterschied

unterscheiden

die Unterschrift

unterschreiben

die Urkunde

der Urlaub

urteilen

der Urwald

3. Schreibe den Rätselsatz richtig und in Schönschrift auf die Linie:

Im Urlaub unterschreibt Ulf die Urkunde.

4. Erfinde mit den Uu-Wörtern einen eigenen Satz. Schreibe ihn in Schönschrift auf die Linie.

5. Tausche dieses Schönschrift-Blatt mit deinem Tischnachbarn. Dein Tischnachbar kreist nun mit Bleistift unleserliche Buchstaben und Wörter ein. Verbessere diese Stellen.

Bernd Wehren: Der Schönschrift-Führerschein · Best.-Nr. 1030

Fertig? Dann male Charlie Schönschrift an.

1. Schreibe die Buchstaben mithilfe der Buchstabenkarte mehrfach in Schönschrift auf die Linien.

V

v

2. Schreibe die Rätselwörter richtig und in Schönschrift auf die Linien. Nutze die Buchstabenkarte als Hilfe.

die Vase

der Vater

vergessen

der Verkehr

verlieren

verstecken

versuchen

der Versuch

viele

vielleicht

vier

3. Schreibe den Rätselsatz richtig und in Schönschrift auf die Linie:

Väter versuchen sich zu verstecken.

4. Erfinde mit den Vv-Wörtern einen eigenen Satz. Schreibe ihn in Schönschrift auf die Linie.

5. Tausche dieses Schönschrift-Blatt mit deinem Tischnachbarn. Dein Tischnachbar kreist nun mit Bleistift unleserliche Buchstaben und Wörter ein. Verbessere diese Stellen.

Fertig? Dann male Charlie Schönschrift an.

1. Schreibe die Buchstaben mithilfe der Buchstabenkarte mehrfach in Schönschrift auf die Linien.

V

v

2. Schreibe die Rätselwörter richtig und in Schönschrift auf die Linien. Nutze die Buchstabenkarte als Hilfe.

der Vogel

voll

vorbei

vorne

vorlesen

der Vormittag

vormittags

vorschlagen

der Vorschlag

vorsichtig

die Vorsicht

3. Schreibe den Rätselsatz richtig und in Schönschrift auf die Linie:

Viele Vögel fliegen vormittags vorsichtig.

4. Erfinde mit den Vv-Wörtern einen eigenen Satz. Schreibe ihn in Schönschrift auf die Linie.

5. Tausche dieses Schönschrift-Blatt mit deinem Tischnachbarn. Dein Tischnachbar kreist nun mit Bleistift unleserliche Buchstaben und Wörter ein. Verbessere diese Stellen.

Fertig? Dann male Charlie Schönschrift an.

1. Schreibe die Buchstaben mithilfe der Buchstabenkarte mehrfach in Schönschrift auf die Linien.

W

w

2. Schreibe die Rätselwörter richtig und in Schönschrift auf die Linien. Nutze die Buchstabenkarte als Hilfe.

wachsen

der Wald

waschen

das Wasser

wichtig

wieder

der Wind

der Winter

wissen

der Witz

witzig

3. Schreibe den Rätselsatz richtig und in Schönschrift auf die Linie:

Im Wald waschen witzige Waschbären Wäsche.

4. Erfinde mit den Ww-Wörtern einen eigenen Satz. Schreibe ihn in Schönschrift auf die Linie.

5. Tausche dieses Schönschrift-Blatt mit deinem Tischnachbarn. Dein Tischnachbar kreist nun mit Bleistift unleserliche Buchstaben und Wörter ein. Verbessere diese Stellen.

Fertig? Dann male Charlie Schönschrift an.

1. Schreibe die Buchstaben mithilfe der Buchstabenkarte mehrfach in Schönschrift auf die Linien.

W

w

2. Schreibe die Rätselwörter richtig und in Schönschrift auf die Linien. Nutze die Buchstabenkarte als Hilfe.

die Woche

wohnen

die Wohnung

wollen

wünschen

der Wunsch

würfeln

der Würfel

die Wurst

die Wut

wütend

3. Schreibe den Rätselsatz richtig und in Schönschrift auf die Linie:

Seit einer Woche wohnt Willi in der Wohnung.

4. Erfinde mit den Ww-Wörtern einen eigenen Satz. Schreibe ihn in Schönschrift auf die Linie.

5. Tausche dieses Schönschrift-Blatt mit deinem Tischnachbarn. Dein Tischnachbar kreist nun mit Bleistift unleserliche Buchstaben und Wörter ein. Verbessere diese Stellen.

Fertig? Dann male Charlie Schönschrift an.

1. Schreibe die Buchstaben mithilfe der Buchstabenkarte mehrfach in Schönschrift auf die Linien.

X

x

2. Schreibe die Rätselwörter richtig und in Schönschrift auf die Linien. Nutze die Buchstabenkarte als Hilfe.

die Xanthippe

die X-Beine

x-beinig

x-beliebig

das Xylofon

der Boxer

die Hexe

der Jux

der Mixer

das Taxi

3. Schreibe den Rätselsatz richtig und in Schönschrift auf die Linie:

Die Hexe boxt den Boxer aus dem Taxi.

4. Erfinde mit den Xx-Wörtern einen eigenen Satz. Schreibe ihn in Schönschrift auf die Linie.

5. Tausche dieses Schönschrift-Blatt mit deinem Tischnachbarn. Dein Tischnachbar kreist nun mit Bleistift unleserliche Buchstaben und Wörter ein. Verbessere diese Stellen.

Fertig? Dann male Charlie Schönschrift an.

1. Schreibe die Buchstaben mithilfe der Buchstabenkarte mehrfach in Schönschrift auf die Linien.

Y

y

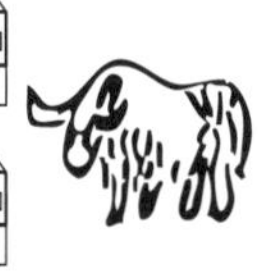

2. Schreibe die Rätselwörter richtig und in Schönschrift auf die Linien. Nutze die Buchstabenkarte als Hilfe.

der Yak

der Yen

der Yeti

das Yoga

das Yo-Yo

das Ypsilon

die Yucca

New York

die Pyramide

der Zylinder

3. Schreibe den Rätselsatz richtig und in Schönschrift auf die Linie:

Der Yeti und das Yak machen Yoga.

4. Erfinde mit den Yy-Wörtern einen eigenen Satz. Schreibe ihn in Schönschrift auf die Linie.

5. Tausche dieses Schönschrift-Blatt mit deinem Tischnachbarn. Dein Tischnachbar kreist nun mit Bleistift unleserliche Buchstaben und Wörter ein. Verbessere diese Stellen.

Fertig? Dann male Charlie Schönschrift an.

1. Schreibe die Buchstaben mithilfe der Buchstabenkarte mehrfach in Schönschrift auf die Linien.

Z

z

2. Schreibe die Rätselwörter richtig und in Schönschrift auf die Linien. Nutze die Buchstabenkarte als Hilfe.

zählen

die Zahl

der Zahn

der Zaun

zehn

zeigen

die Zeitung

ziehen

die Ziffer

das Zimmer

der Zirkus

3. Schreibe den Rätselsatz richtig und in Schönschrift auf die Linie:

Der Zahnarzt zieht im Zirkus zehn Zähne.

4. Erfinde mit den Zz-Wörtern einen eigenen Satz. Schreibe ihn in Schönschrift auf die Linie.

5. Tausche dieses Schönschrift-Blatt mit deinem Tischnachbarn. Dein Tischnachbar kreist nun mit Bleistift unleserliche Buchstaben und Wörter ein. Verbessere diese Stellen.

Bernd Wehren: Der Schönschrift-Führerschein · Best.-Nr. 1030

Fertig? Dann male Charlie Schönschrift an.

1. Schreibe die Buchstaben mithilfe der Buchstabenkarte mehrfach in Schönschrift auf die Linien.

Z

z

2. Schreibe die Rätselwörter richtig und in Schönschrift auf die Linien. Nutze die Buchstabenkarte als Hilfe.

der Zucker

der Zug

die Zukunft

zuletzt

die Zunge

zusammen

zwei

der Zwieback

die Zwiebel

zwischen

zwölf

3. Schreibe den Rätselsatz richtig und in Schönschrift auf die Linie:

Der Zwerg zuckt um zwölf zusammen.

4. Erfinde mit den Zz-Wörtern einen eigenen Satz. Schreibe ihn in Schönschrift auf die Linie.

5. Tausche dieses Schönschrift-Blatt mit deinem Tischnachbarn. Dein Tischnachbar kreist nun mit Bleistift unleserliche Buchstaben und Wörter ein. Verbessere diese Stellen.

Fertig? Dann male Charlie Schönschrift an.

1. Lies die Einladung und schreibe Wörter und Zahlen auf die Linien.
2. Spure den Text nun mit Bleistift oder Füller nach.
3. Schreibe die Einladung in Schönschrift in dein Heft oder auf ein Blatt Papier. Du darfst den Text auch ändern.
4. Verziere deine Einladung mit bunten Bildern usw.

Liebe/r ______________________!
Hiermit lade ich dich ganz herzlich zu meinem Geburtstag am _____________ ein.
Die Geburtstagsparty beginnt um _________ Uhr und endet um ________ Uhr.
Gefeiert wird bei / in ______________________________________.
Die Adresse lautet: ____.
Bitte gib mir doch bis zum ____________ Bescheid, ob du kommst.
Ich würde mich sehr freuen mit dir zu feiern!

Bitte denke daran:____
____.

Dein/e ______________________

---

1. Spure den Elfchen-Gedichttext mit Bleistift oder Füller nach.
2. Schreibe das Elfchen in Schönschrift in dein Heft.
3. Schreibe dann ein eigenes Elfchen-Gedicht in Schönschrift in dein Heft oder auf ein Blatt Papier.
4. Verziere dein Elfchen mit bunten Bildern usw.

Typischerweise sieht der Aufbau eines Elfchens so aus:

Zeile	Wörter	Inhalt
1	1	Ein Gedanke, ein Gegenstand, eine Farbe, ein Geruch o. Ä.
2	2	Was macht das Wort aus Zeile 1?
3	3	Wo oder wie ist das Wort aus Zeile 1?
4	4	Was meinst du?
5	1	Fazit: Was kommt dabei heraus?

Quelle: www.wikipedia.de

Ferienzeit
Keine Schule
Spielen und faulenzen
Sie soll nie enden
Endlosferienzeit

Fertig? Dann male Charlie Schönschrift an.

1. Lies den Liebesbrief und schreibe Wörter auf die Linien.
2. Spure den Text nun mit Bleistift oder Füller nach.
3. Schreibe den Liebesbrief in Schönschrift in dein Heft oder auf ein Blatt Papier. Du darfst den Text auch ändern.
4. Verziere den Liebesbrief mit bunten Bildern usw. Wer bekommt deinen Liebesbrief?

An meine/n liebe/n ____________________!

Dieser Brief soll dir all das sagen, was ich dir vielleicht noch nie gesagt habe. Nimm diesen Brief als Beweis meiner Liebe zu dir, liebe/r ____________________.

Dass ich dich kennen lernen durfte, war das schönste Geschenk meines Lebens. Dein Lachen, deine Augen und dein Herz vermisse ich, wenn du nicht da bist.

In meinem Herzen ist nur Platz für dich alleine. Immer wenn wir uns sehen, bin ich der glücklichste Mensch auf Erden.

Bitte schreibe mir zurück.

Dein/e ____________________

---

1. Spure den Wunschzettel-Text mit Bleistift oder Füller nach.
2. Schreibe den Wunschzettel in Schönschrift in dein Heft oder auf ein Blatt Papier. Du darfst den Text ändern.
3. Schreibe dann deinen eigenen Wunschzettel in Schönschrift in dein Heft oder auf ein Blatt Papier.
4. Verziere deinen Wunschzettel mit bunten Bildern usw.

Lieber Nikolaus!

Ich wünsche mir folgende Dinge:
ein Buch über Tiere,
eine Musik-CD und
einen Teller mit Nüssen und Süßigkeiten.
Außerdem wünsche ich mir, dass ich mich mit meinen Geschwistern nicht mehr streite und es keine Kriege und keinen Hunger mehr in der Welt gibt.

Deine Jacqueline

Fertig? Dann male Charlie Schönschrift an.

1. Lies die Einladung und schreibe Wörter und Zahlen auf die Linien.
2. Spure den Text nun mit Bleistift oder Füller nach.
3. Schreibe die Einladung in Schönschrift in dein Heft oder auf ein Blatt Papier. Du darfst den Text auch ändern.
4. Verziere deine Einladung mit bunten Bildern usw.

Liebe/r ______________________!

Hiermit lade ich dich ganz herzlich zu meinem Geburtstag am ______________ ein. Die Geburtstagsparty beginnt um __________ Uhr und endet um __________ Uhr.

Gefeiert wird bei / in ____.

Die Adresse lautet: ____.

Bitte gib mir doch bis zum ______________ Bescheid, ob du kommst.

Ich würde mich sehr freuen mit dir zu feiern!

Bitte denke daran: ____

____.

Dein/e ______________________

- -

1. Spure den Elfchen-Gedichttext mit Bleistift oder Füller nach.
2. Schreibe das Elfchen in Schönschrift in dein Heft.
3. Schreibe dann ein eigenes Elfchen-Gedicht in Schönschrift in dein Heft oder auf ein Blatt Papier.
4. Verziere dein Elfchen mit bunten Bildern usw.

Typischerweise sieht der Aufbau eines Elfchens so aus:

Zeile	Wörter	Inhalt
1	1	Ein Gedanke, ein Gegenstand, eine Farbe, ein Geruch o. Ä.
2	2	Was macht das Wort aus Zeile 1?
3	3	Wo oder wie ist das Wort aus Zeile 1?
4	4	Was meinst du?
5	1	Fazit: Was kommt dabei heraus?

Quelle: www.wikipedia.de

Ferienzeit
Keine Schule
Spielen und faulenzen
Sie soll nie enden
Endlosferienzeit

Fertig? Dann male Charlie Schönschrift an.

1. Lies den Liebesbrief und schreibe Wörter auf die Linien.
2. Spure den Text nun mit Bleistift oder Füller nach.
3. Schreibe den Liebesbrief in Schönschrift in dein Heft oder auf ein Blatt Papier. Du darfst den Text auch ändern.
4. Verziere den Liebesbrief mit bunten Bildern usw. Wer bekommt deinen Liebesbrief?

An meine/n liebe/n ______________________!

Dieser Brief soll dir all das sagen, was ich dir vielleicht noch nie gesagt habe. Nimm diesen Brief als Beweis meiner Liebe zu dir, liebe/r _______________.

Dass ich dich kennen lernen durfte, war das schönste Geschenk meines Lebens. Dein Lachen, deine Augen und dein Herz vermisse ich, wenn du nicht da bist.

In meinem Herzen ist nur Platz für dich alleine. Immer wenn wir uns sehen, bin ich der glücklichste Mensch auf Erden.

Bitte schreibe mir zurück.

Dein/e ______________________

---

1. Spure den Wunschzettel-Text mit Bleistift oder Füller nach.
2. Schreibe den Wunschzettel in Schönschrift in dein Heft oder auf ein Blatt Papier. Du darfst den Text ändern.
3. Schreibe dann deinen eigenen Wunschzettel in Schönschrift in dein Heft oder auf ein Blatt Papier.
4. Verziere deinen Wunschzettel mit bunten Bildern usw.

Lieber Nikolaus!

Ich wünsche mir folgende Dinge:
ein Buch über Tiere,
eine Musik-CD und
einen Teller mit Nüssen und Süßigkeiten.
Außerdem wünsche ich mir, dass ich mich mit meinen Geschwistern nicht mehr streite und es keine Kriege und keinen Hunger mehr in der Welt gibt.

Deine Jacqueline

Fertig? Dann male Charlie Schönschrift an.

1. Lies die Einladung und schreibe Wörter und Zahlen auf die Linien.
2. Spure den Text nun mit Bleistift oder Füller nach.
3. Schreibe die Einladung in Schönschrift in dein Heft oder auf ein Blatt Papier. Du darfst den Text auch ändern.
4. Verziere deine Einladung mit bunten Bildern usw.

Liebe/r ____________________!

Hiermit lade ich dich ganz herzlich zu meinem Geburtstag am ____________ ein. Die Geburtstagsparty beginnt um ________ Uhr und endet um ________ Uhr.

Gefeiert wird bei / in ______________________________.

Die Adresse lautet: ______________________________.

Bitte gib mir doch bis zum __________ Bescheid, ob du kommst.

Ich würde mich sehr freuen mit dir zu feiern!

Bitte denke daran: ______________________________

______________________________.

Dein/e ____________________

---

1. Spure den Elfchen-Gedichttext mit Bleistift oder Füller nach.
2. Schreibe das Elfchen in Schönschrift in dein Heft.
3. Schreibe dann ein eigenes Elfchen-Gedicht in Schönschrift in dein Heft oder auf ein Blatt Papier.
4. Verziere dein Elfchen mit bunten Bildern usw.

Typischerweise sieht der Aufbau eines Elfchens so aus:

Zeile	**Wörter**	**Inhalt**
1	1	Ein Gedanke, ein Gegenstand, eine Farbe, ein Geruch o. Ä.
2	2	Was macht das Wort aus Zeile 1?
3	3	Wo oder wie ist das Wort aus Zeile 1?
4	4	Was meinst du?
5	1	Fazit: Was kommt dabei heraus?

Quelle: www.wikipedia.de

Ferienzeit
Keine Schule
Spielen und faulenzen
Sie soll nie enden
Endlosferienzeit

Fertig? Dann male Charlie Schönschrift an.

1. Lies den Liebesbrief und schreibe Wörter auf die Linien.
2. Spure den Text nun mit Bleistift oder Füller nach.
3. Schreibe den Liebesbrief in Schönschrift in dein Heft oder auf ein Blatt Papier. Du darfst den Text auch ändern.
4. Verziere den Liebesbrief mit bunten Bildern usw. Wer bekommt deinen Liebesbrief?

An meine/n liebe/n ______________________!

Dieser Brief soll dir all das sagen, was ich dir vielleicht noch nie gesagt habe. Nimm diesen Brief als Beweis meiner Liebe zu dir, liebe/r ______________.

Dass ich dich kennen lernen durfte, war das schönste Geschenk meines Lebens. Dein Lachen, deine Augen und dein Herz vermisse ich, wenn du nicht da bist.

In meinem Herzen ist nur Platz für dich alleine. Immer wenn wir uns sehen, bin ich der glücklichste Mensch auf Erden.

Bitte schreibe mir zurück.

Dein/e ______________________

---

1. Spure den Wunschzettel-Text mit Bleistift oder Füller nach.
2. Schreibe den Wunschzettel in Schönschrift in dein Heft oder auf ein Blatt Papier. Du darfst den Text ändern.
3. Schreibe dann deinen eigenen Wunschzettel in Schönschrift in dein Heft oder auf ein Blatt Papier.
4. Verziere deinen Wunschzettel mit bunten Bildern usw.

Lieber Nikolaus!

Ich wünsche mir folgende Dinge:
ein Buch über Tiere,
eine Musik-CD und
einen Teller mit Nüssen und Süßigkeiten.
Außerdem wünsche ich mir, dass ich mich mit meinen Geschwistern nicht mehr streite und es keine Kriege und keinen Hunger mehr in der Welt gibt.

Deine Jacqueline

Fertig? Dann male Charlie Schönschrift an.

1. Lies die Einladung und schreibe Wörter und Zahlen auf die Linien.
2. Spure den Text nun mit Bleistift oder Füller nach.
3. Schreibe die Einladung in Schönschrift in dein Heft oder auf ein Blatt Papier. Du darfst den Text auch ändern.
4. Verziere deine Einladung mit bunten Bildern usw.

Liebe/r ____________________!
Hiermit lade ich dich ganz herzlich zu meinem Geburtstag am
____________ ein. Die Geburtstagsparty beginnt um _________ Uhr
und endet um _________ Uhr.
Gefeiert wird bei / in ________________________________.
Die Adresse lautet: ________________________________.
Bitte gib mir doch bis zum ____________ Bescheid, ob du kommst.
Ich würde mich sehr freuen mit dir zu feiern!

Bitte denke daran: ________________________________
____.
Dein/e ____________________

---

1. Spure den Elfchen-Gedichttext mit Bleistift oder Füller nach.
2. Schreibe das Elfchen in Schönschrift in dein Heft.
3. Schreibe dann ein eigenes Elfchen-Gedicht in Schönschrift in dein Heft oder auf ein Blatt Papier.
4. Verziere dein Elfchen mit bunten Bildern usw.

Typischerweise sieht der Aufbau eines Elfchens so aus:

Zeile	Wörter	Inhalt
1	1	Ein Gedanke, ein Gegenstand, eine Farbe, ein Geruch o. Ä.
2	2	Was macht das Wort aus Zeile 1?
3	3	Wo oder wie ist das Wort aus Zeile 1?
4	4	Was meinst du?
5	1	Fazit: Was kommt dabei heraus?

Quelle: www.wikipedia.de

Ferienzeit
Keine Schule
Spielen und faulenzen
Sie soll nie enden
Endlosferienzeit

Fertig? Dann male Charlie Schönschrift an.

1. Lies den Liebesbrief und schreibe Wörter auf die Linien.
2. Spure den Text nun mit Bleistift oder Füller nach.
3. Schreibe den Liebesbrief in Schönschrift in dein Heft oder auf ein Blatt Papier. Du darfst den Text auch ändern.
4. Verziere den Liebesbrief mit bunten Bildern usw. Wer bekommt deinen Liebesbrief?

An meine/n liebe/n ______________________!

Dieser Brief soll dir all das sagen, was ich dir vielleicht noch nie gesagt habe.
Nimm diesen Brief als Beweis meiner Liebe zu dir, liebe/r ______________.

Dass ich dich kennenlernen durfte, war das schönste Geschenk meines Lebens.
Dein Lachen, deie Augen und dein Herz vermisse ich, wenn du nicht da bist.

In meinem Herzen ist nur Platz für dich alleine. Immer wenn wir uns sehen, bin ich der Glücklichste Mensch auf Erden.

Bitte schreibe mir zurück.

Dein/e ______________________

---

1. Spure den Wunschzettel-Text mit Bleistift oder Füller nach.
2. Schreibe den Wunschzettel in Schönschrift in dein Heft oder auf ein Blatt Papier. Du darfst den Text ändern.
3. Schreibe dann deinen eigenen Wunschzettel in Schönschrift in dein Heft oder auf ein Blatt Papier.
4. Verziere deinen Wunschzettel mit bunten Bildern usw.

Lieber Nikolaus!

Ich wünsche mir folgende Dinge:
ein Buch über Tiere,
eeine Musik-CD und
einen Teller mit Nüssen und Süßigkeiten.
Außerdem wünsche ich mir, dass ich mich mit meinen Geschwistern nicht mehr streite und es keine Kriege und keinen Hunger mehr in der Welt gibt

Deine Jaqueline

Fertig? Dann male Charlie Schönschrift an.

1. Lies die Einladung und schreibe Wörter und Zahlen auf die Linien.
2. Spure den Text nun mit Bleistift oder Füller nach.
3. Schreibe die Einladung in Schönschrift in dein Heft oder auf ein Blatt Papier. Du darfst den Text auch ändern.
4. Verziere deine Einladung mit bunten Bildern usw.

Liebe/r ____________________!

Hiermit lade ich dich ganz herzlich zu meinem Geburtstag am ____________ ein. Die Geburtstagsparty beginnt um _________ Uhr und endet um _________ Uhr.

Gefeiert wird bei / in ______________________________________.

Die Adresse lautet: ______________________________________.

Bitte gib mir doch bis zum __________ Bescheid, ob du kommst.

Ich würde mich sehr freuen mit dir zu feiern!

Bitte denke daran: ____

____.

Dein/e ____________________

---

1. Spure den Elfchen-Gedichttext mit Bleistift oder Füller nach.
2. Schreibe das Elfchen in Schönschrift in dein Heft.
3. Schreibe dann ein eigenes Elfchen-Gedicht in Schönschrift in dein Heft oder auf ein Blatt Papier.
4. Verziere dein Elfchen mit bunten Bildern usw.

Typischerweise sieht der Aufbau eines Elfchens so aus:

Zeile	**Wörter**	**Inhalt**
1	1	Ein Gedanke, ein Gegenstand, eine Farbe, ein Geruch o. Ä.
2	2	Was macht das Wort aus Zeile 1?
3	3	Wo oder wie ist das Wort aus Zeile 1?
4	4	Was meinst du?
5	1	Fazit: Was kommt dabei heraus?

Quelle: www.wikipedia.de

Ferienzeit
Keine Schule
Spielen und faulenzen
Sie soll nie enden
Endlosferienzeit

Fertig? Dann male Charlie Schönschrift an.

1. Lies den Liebesbrief und schreibe Wörter auf die Linien.
2. Spure den Text nun mit Bleistift oder Füller nach.
3. Schreibe den Liebesbrief in Schönschrift in dein Heft oder auf ein Blatt Papier. Du darfst den Text auch ändern.
4. Verziere den Liebesbrief mit bunten Bildern usw. Wer bekommt deinen Liebesbrief?

An meine/n liebe/n ______________________!

Dieser Brief soll dir all das sagen, was ich dir vielleicht noch nie gesagt habe. Nimm diesen Brief als Beweis meiner Liebe zu dir, liebe/r ______________.

Dass ich dich kennen lernen durfte, war das schönste Geschenk meines Lebens. Dein Lachen, deine Augen und dein Herz vermisse ich, wenn du nicht da bist.

In meinem Herzen ist nur Platz für dich alleine. Immer wenn wir uns sehen, bin ich der glücklichste Mensch auf Erden.

Bitte schreibe mir zurück.

Dein/e ______________________

---

1. Spure den Wunschzettel-Text mit Bleistift oder Füller nach.
2. Schreibe den Wunschzettel in Schönschrift in dein Heft oder auf ein Blatt Papier. Du darfst den Text ändern.
3. Schreibe dann deinen eigenen Wunschzettel in Schönschrift in dein Heft oder auf ein Blatt Papier.
4. Verziere deinen Wunschzettel mit bunten Bildern usw.

Lieber Nikolaus!

Ich wünsche mir folgende Dinge:
ein Buch über Tiere,
eine Musik-CD und
einen Teller mit Nüssen und Süßigkeiten.
Außerdem wünsche ich mir, dass ich mich mit meinen Geschwistern nicht mehr streite und es keine Kriege und keinen Hunger mehr in der Welt gibt.

Deine Jacqueline

Fertig? Dann male Charlie Schönschrift an.

Name: ______________________________ (Seite 76 und 77 doppelseitig kopieren)

Schönschrift-Generalprobe

1. Schreibe das Abc mithilfe der Schönschrift-Buchstabenkarte auf die Linien.

Großbuchstaben:

Kleinbuchstaben:

2. Schreibe die Wörter mithilfe der Schönschrift-Buchstabenkarte mehrfach auf die Linien.

der Boxer

zahlen

der Wald

verstecken

traurig

die Schrift

die Reise

planen

die Jacke

offen

der Name

mssüen

gYoa

Name:

Schönschrift-Generalprobe

3. Bilde mit den Wörtern zwei kurze Sätze. Schreibe sie in Schönschrift auf die Linien.

Name: ______________________________ (Seite 78 und 79 doppelseitig kopieren)

Schönschrift-Prüfung

1. Schreibe das Abc mithilfe der Schönschrift-Buchstabenkarte auf die Linien.

Großbuchstaben:

Kleinbuchstaben:

2. Schreibe die Wörter mithilfe der Schönschrift-Buchstabenkarte mehrfach auf die Linien.

der Versuch

schwarz

die Hexe

lesen

die Leute

kaputt

immer

die Insel

das Glück

fliegen

die Erde

sebö

die pAmel

Name: ______________________________

Schönschrift-Prüfung

3. Bilde mit den Wörtern zwei kurze Sätze. Schreibe sie in Schönschrift auf die Linien.

Du hast die Schönschrift-Prüfung

☐ gut bestanden.
☐ bestanden.
☐ noch nicht bestanden.

Datum, Unterschrift:

____

Lösungswörter/Grundwortschatz-Lernposter in Druckschrift

A a	B b	C c	D d	E e	F f	G g
der Abend / abends aber acht / achtzig der Affe, die Affen alle / alles als / mehr als die Ampel, die Ampeln anrufen / der Anruf antworten / die Antwort der April arbeiten / die Arbeit der Arzt, die Ärzte die Aufgabe / aufgeben der August das Auto, die Autos	das Baby, die Babys baden / das Bad der Ball, die Bälle die Bank, die Bänke bauen / der Bau der Baum, die Bäume das Bein, die Beine das Bild, die Bilder das Blatt / blättern blau / bläulich bleiben / der Verbleib die Blume, die Blumen das Boot, die Boote böse / das Böse der Brief / der Brieffreund das Brot / das Brötchen der Bruder, die Brüder das Buch / die Bücherei bunt	das Cabrio, die Cabrios das Café, die Cafés campen der Campingplatz, die Campingplätze der CD-Player, die CD-Player die CD-ROM, die CD-ROMs das Cello, die Cellos der Cent, die Cents die Chance, die Chancen der Chef, die Chefs China der Chor, die Chöre der Christbaum clever / die Cleverness der Clown, die Clowns der Comic, die Comics der Computer, die Computer der Container, die Container die Cornflakes der Cowboy, die Cowboys die Currywurst, die Currywürste	da / dabei / davon danken / dankbar dann dein / deine / deiner denken / der Gedanke denn der Dezember dick / die Dicke diese / dieser / dieses der Dienstag / dienstags der Dinosaurier, die Dinosaurier der Donnerstag / donnerstags draußen drei / dreißig dumm / die Dummheit dünn	das Ei, die Eier ein / eine / einer einkaufen / der Einkauf einmal eins / das Einmaleins das Eis / eiskalt der Elefant, die Elefanten elf die Eltern das Ende / es endet die Ente, die Enten die Erde erklären / die Erklärung erzählen / der Erzähler essen / das Essen etwas euch / euer / eure	fahren / die Fahrt das Fahrrad, die Fahrräder fallen / der Fall falsch / fälschen die Familie, die Familien fangen / einfangen der Februar der Fehler / fehlerfrei feiern / die Feier die Ferien / die Ferienzeit der Fernseher / fernsehen der Finger, die Finger fliegen /das Flugzeug fragen / die Frage der Freitag / freitags freuen / die Freude der Freund / freundlich der Frühling	ganz / das Ganze der Garten, die Gärten geben / die Gabe der Geburtstag gehen / der Gang gelb / gelblich das Geld, die Gelder das Gemüse das Geschenk / schenken die Geschichte das Gesicht, die Gesichter gestern / vorgestern gesund / die Gesundheit das Glas, die Gläser glücklich / das Glück das Gras, die Gräser groß / die Größe grün / grünlich gut / das Gute

H h	I i	J j	K k	L l	M m	N n
das Haar, die Haare der Hals / das Halsband halten / der Halt die Hand, die Hände hart / die Härte der Hase, die Hasen das Haus / hausen heiß / die Hitze helfen / die Hilfe hell / die Helligkeit das Hemd, die Hemden der Herbst der Herr / herrschen heute / heute Abend hören / das Gehör der Hund, die Hunde der Hunger / hungrig	ich die Idee / ideenreich der Igel, die Igel das Iglu ihm / Gib ihm das Eis. ihr / Ihr Hund bellt. im / Spiel im Zimmer. immer / Ich singe immer. der Indianer die Inliner das Insekt, die Insekten die Insel, die Inseln insgesamt interessant / das Interesse interessieren das Internet das Interview das Instrument inzwischen irren der Irrtum, die Irrtümer	die Jacke, die Jacken jagen der Jäger, die Jäger das Jahr, die Jahre der Januar die Jeans jede / jeder / jedes jedoch jemand jetzt jodeln joggen / der Jogger der Jogurt, die Jogurts jubeln / der Jubel jucken das Judo der Juli der Junge, die Jungen jung / jünger als der Juni	die Kabine, die Kabinen der Käfer, die Käfer der Käfig, die Käfige der Kaffee der Kakao der Kalender, die Kalender kalt / die Kälte der Kamm / kämmen kämpfen / der Kampf kaputt der Käse / käseweiß die Katze, die Katzen kaufen / der Kauf kein / keine / keiner das Kind / kindisch die Klasse, die Klassen klein / die Kleinigkeit kommen / die Ankunft können / ich kann der Kopf, die Köpfe die Krankheit / krank sein	lachen / das Lächeln das Land, die Länder lang / die Länge laut / die Lautstärke leben / das Leben legen / hinlegen der Lehrer / lehren leicht / die Leichtigkeit lernen lesen / er liest die Leute das Lexikon, die Lexika das Licht / lichterloh die Liebe / lieben liegen / liegen lassen links / der Linkshänder der Löwe, die Löwen lustig / die Lust	das Mädchen, die Mädchen das Märchen der Mai malen / der Maler der Mann, die Männer der März die Maus, die Mäuse das Meer, die Meere der Mensch, die Menschen / menschlich das Messer, die Messer die Minute, die Minuten der Mittag, die Mittage mittags der Mittwoch / mittwochs der Monat, die Monate der Montag / montags der Morgen / morgens / übermorgen die Musik müssen / ich muss die Mutter, die Mütter	nach der Nachbar die Nacht, die Nächte nachts der Nagel, die Nägel der Name, die Namen die Nase, die Nasen nass / die Nässe der Nebel / nebelig nehmen / abnehmen neu / neugierig / die Neugierkeit neun / neunzig nicht / nichts nie / niemals der November die Nudel, die Nudeln null die Nummer / nummerieren die Nuss, die Nüsse

(Bitte mindestens auf DIN A3 vergrößern und aufhängen.)

(Bitte mindestens auf DIN A3 vergrößern und aufhängen.)

Lösungswörter/Grundwortschatz-Lernposter in Druckschrift

O o	P p	Q q	R r	S s	T t	U u
oben / oberhalb das Obst / der Obstsalat oder der Ofen, die Öfen offen / öffnen / der Öffner ohne das Ohr / der Ohrring der Oktober die Olympiade die Oma, die Omas der Onkel, die Onkel der Opa, die Opas die Operation, die Opera- tionen orange / die Orange das Orchester, die Orchester ordnen / die Ordnung die Orgel, die Orgeln der Ort, die Orte der Osten / östlich oval der Ozean, die Ozeane	das Paar / das Ehepaar (2) paar / ein paar Bonbons die Packung / verpacken der Papagei, die Papageien das Papier, die Papiere die Party die Pause / pausieren das Pferd, die Pferde die Pflanze / pflanzen pflücken die Pizza / die Pizzeria das Plakat / plakatieren planen / der Plan plötzlich die Post / der Postbote der Pullover, die Pullover die Puppe, die Puppen putzen / die Putzfrau das Puzzle / puzzeln die Pyramide, die Pyra- miden	der Quader / die Quader das Quadrat / quadratisch quaken quälen / die Qual die Qualle, die Quallen der Quark das Quartett, die Quartette das Quartier quasseln der Quatsch quatschen die Quelle, die Quellen quengeln quer / der Querdenker quieken quietschen der Quirl, die Quirle quirlig quitt / Wir sind quitt. die Quittung, die Quit- tungen das Quiz	das Rad, die Räder das Radiergummi die Rakete, die Raketen der Ranzen, die Ranzen das Rätsel / rätselhaft der Räuber / rauben rechnen / die Rechnung das Rechteck / rechteckig rechts / der Rechtshänder der Regen / regnerisch reich / der Reichtum reisen / die Reise retten / die Rettung richtig / berichtigen riechen / der Geruch rot / rötlich rufen / der Ruf ruhig / die Ruhe	sagen das Salz / salzig sammeln / die Sammlung der Samstag / samstags der Sand / sandig der Satz, die Sätze schauen / nachschauen die Schere, die Scheren schlafen / der Schlaf der Schnee / es schneit schnell / die Schnelligkeit schreiben / die Schrift schwarz der September sitzen / der Sitz der Sommer / sommerlich der Sonntag / sonntags spielen / das Spiel	die Tafel, die Tafeln der Tag, die Tage tanken / die Tankstelle die Tante, die Tanten tanzen / der Tanz die Tasche, die Taschen die Tasse, die Tassen der Tee, die Tees telefonieren / das Telefon der Teller, die Teller das Tier, die Tiere der Tiger, die Tiger der Tisch, die Tische die Tochter, die Töchter tragen / vertragen träumen / der Traum traurig / die Trauer die Treppe, die Treppen trinken / das Getränk trotzdem / trotz das T-Shirt, die T-Shirts	üben / die Übung über / tagsüber überraschen / die Über- raschung das Ufo, die Ufos die Uhr, die Uhren der Unfall, die Unfälle ungefähr das Ungeheuer / unge- heuer uns / unser / unsere unten / unterhalb unterhalten / die Unter- haltung der Unterricht / unterrichten der Unterschied / unter- scheiden die Unterschrift / unter- schreiben die Urkunde, die Urkunden der Urlaub, die Urlaube urteilen / das Urteil der Urwald, die Urwälder

V v	W w	X x	Y y	Z z
die Vase, die Vasen der Vater, die Väter vergessen / vergesslich der Verkehr verlieren / der Verlust verstecken / das Versteck versuchen / der Versuch viel / viele vielleicht vier / vierzig der Vogel, die Vögel voll vorbei / vorbeikommen vorne vorlesen der Vormittag / vormittags vorschlagen / der Vor- schlag vorsichtig / die Vorsicht	wachsen / das Wachstum der Wald, die Wälder waschen / die Wäsche das Wasser / die Gewäs- ser wichtig / die Wichtigkeit wieder der Wind / windig der Winter / winterlich wissen / das Wissen der Witz / witzig die Woche / wöchentlich wohnen / die Wohnung wollen / der Wille wünschen / der Wunsch würfeln / der Würfel die Wurst, die Würste wütend / die Wut	die Xanthippe (= Frau, die gerne streitet) die X-Beine / x-beinig x-beliebig (= völlig beliebig) das Xylofon, die Xylofone der Boxer, die Boxer die Hexe, die Hexen der Jux der Mixer, die Mixer das Taxi, die Taxis	der Yak der Yen der Yeti das Yoga das Yo-Yo das Ypsilon die Yucca New York (= Stadt in Amerika) die Pyramide der Zylinder	zählen / die Zahl der Zahn, die Zähne der Zaun, die Zäune zehn / der Zehner zeigen / der Uhrzeiger die Zeit / die Zeitung ziehen die Ziffer, die Ziffern das Zimmer / zimmern der Zirkus der Zucker / zuckern zuerst / zuletzt der Zug / zügig die Zukunft die Zunge / züngeln zusammen zwei / zwanzig der Zwieback die Zwiebel zwischen / die Zwischen- frage zwölf / das Dutzend (= 12)

(Bitte mindestens auf DIN A3 vergrößern und aufhängen.)

Lösungswörter/Grundwortschatz-Lernposter in Vereinfachter Ausgangsschrift

A a	B b	C c	D d	E e	F f	G g
der Abend / abends aber acht / achtzig der Affe, die Affen alle / alles als / mehr als die Ampel, die Ampeln anrufen / der Anruf antworten / die Antwort der April arbeiten / die Arbeit der Arzt, die Ärzte die Aufgabe / aufgeben der August das Auto, die Autos	das Baby, die Babys baden / das Bad der Ball, die Bälle die Bank, die Bänke bauen / der Bau der Baum, die Bäume das Bein, die Beine das Bild, die Bilder das Blatt / blättern blau / bläulich bleiben / der Verbleib die Blume, die Blumen das Boot, die Boote böse / das Böse der Brief / der Brieffreund das Brot / das Brötchen der Bruder, die Brüder das Buch / die Bücherei bunt	das Cabrio, die Cabrios das Cafe, die Cafes campen der Campingplatz, die Campingplätze der CD-Player, die CD- Player die CD-ROM, die CD- ROMs das Cello, die Cellos der Cent, die Cents die Chance, die Chancen der Chef, die Chefs China der Chor, die Chöre der Christbaum clever / die Cleverness der Clown, die Clowns der Comic, die Comics der Computer, die Com- puter der Container, die Con- tainer die Cornflakes der Cowboy, die Cowboys die Currywurst, die Curry- würste	da / dabei / davon danken / dankbar dann dein / deine / deiner denken / der Gedanke denn der Dezember dick / die Dicke diese / dieser / dieses der Dienstag / dienstags der Dinosaurier, die Dino- saurier der Donnerstag / donners- tags draußen drei / dreißig dumm / die Dummheit dünn	das Ei, die Eier ein / eine / einer einkaufen / der Einkauf einmal eins / das Einmaleins das Eis / eiskalt der Elefant, die Elefanten elf die Eltern das Ende / es endet die Ente, die Enten die Erde erklären / die Erklärung erzählen / der Erzähler essen / das Essen etwas euch / euer / eure	fahren / die Fahrt das Fahrrad, die Fahrräder fallen / der Fall falsch / fälschen die Familie, die Familien fangen / einfangen der Februar der Fehler / fehlerfrei feiern / die Feier die Ferien / die Ferienzeit der Fernseher / fernsehen der Finger, die Finger fliegen /das Flugzeug fragen / die Frage der Freitag / freitags freuen / die Freude der Freund / freundlich der Frühling	ganz / das Ganze der Garten, die Gärten geben / die Gabe der Geburtstag gehen / der Gang gelb / gelblich das Geld, die Gelder das Gemüse das Geschenk / schenken die Geschichte das Gesicht, die Gesichter gestern / vorgestern gesund / die Gesundheit das Glas, die Gläser glücklich / das Glück das Gras, die Gräser groß / die Größe grün / grünlich gut / das Gute

H h	I i	J j	K k	L l	M m	N n
das Haar, die Haare der Hals / das Halsband halten / der Halt die Hand, die Hände hart / die Härte der Hase, die Hasen das Haus / hausen heiß / die Hitze helfen / die Hilfe hell / die Helligkeit das Hemd, die Hemden der Herbst der Herr / herrschen heute / heute Abend hören / das Gehör der Hund, die Hunde der Hunger / hungrig	ich die Idee / ideenreich der Igel, die Igel das Iglu ihm / Gib ihm das Eis. ihr / Ihr Hund bellt. im / Spiel im Zimmer. immer / Ich singe immer. der Indianer die Inliner das Insekt, die Insekten die Insel, die Inseln insgesamt interessant / das Interesse interessieren das Internet das Interview das Instrument inzwischen irren der Irrtum, die Irrtümer	die Jacke, die Jacken jagen der Jäger, die Jäger das Jahr, die Jahre der Januar die Jeans jede / jeder / jedes jedoch jemand jetzt jodeln joggen / der Jogger der Jogurt, die Jogurts jubeln / der Jubel jucken das Judo der Juli der Junge, die Jungen jung / jünger als der Juni	die Kabine, die Kabinen der Käfer, die Käfer der Käfig, die Käfige der Kaffee der Kakao der Kalender, die Kalender kalt / die Kälte der Kamm / kämmen kämpfen / der Kampf kaputt der Käse / käseweiß die Katze, die Katzen kaufen / der Kauf kein / keine / keiner das Kind / kindisch die Klasse, die Klassen klein / die Kleinigkeit kommen / die Ankunft können / ich kann der Kopf, die Köpfe die Krankheit / krank sein	lachen / das Lächeln das Land, die Länder lang / die Länge laut / die Lautstärke leben / das Leben legen / hinlegen der Lehrer / lehren leicht / die Leichtigkeit lernen lesen / er liest die Leute das Lexikon, die Lexika das Licht / lichterloh die Liebe / lieben liegen / liegen lassen links / der Linkshänder der Löwe, die Löwen lustig / die Lust	das Mädchen, die Mädchen das Märchen der Mai malen / der Maler der Mann, die Männer der März die Maus, die Mäuse das Meer, die Meere der Mensch, die Menschen / menschlich das Messer, die Messer die Minute, die Minuten der Mittag, die Mittage mittags der Mittwoch / mittwochs der Monat, die Monate der Montag / montags der Morgen / morgens / übermorgen die Musik müssen / ich muss die Mutter, die Mütter	nach der Nachbar die Nacht, die Nächte nachts der Nagel, die Nägel der Name, die Namen die Nase, die Nasen nass / die Nässe der Nebel / nebelig nehmen / abnehmen neu / neugierig / die Neuigkeit neun / neunzig nicht / nichts nie / niemals der November die Nudel, die Nudeln null die Nummer / nummer- rieren die Nuss, die Nüsse

Bernd Wehren: Der Schönschrift-Führerschein · Best.-Nr. 1030

Lösungswörter/Grundwortschatz-Lernposter in Vereinfachter Ausgangsschrift

O o	P p	Q q	R r	S s	T t	U u
oben / oberhalb das Obst / der Obstsalat oder der Ofen, die Öfen offen / öffnen / der Öffner ohne das Ohr / der Ohrring der Oktober die Olympiade die Oma, die Omas der Onkel, die Onkel der Opa, die Opas die Operation, die Operationen orange / die Orange das Orchester, die Orchester ordnen / die Ordnung die Orgel, die Orgeln der Ort, die Orte der Osten / östlich oval der Ozean, die Ozeane	das Paar / das Ehepaar (2) paar / ein paar Bonbons die Packung / verpacken der Papagei, die Papageien das Papier, die Papiere die Party die Pause / pausieren das Pferd, die Pferde die Pflanze / pflanzen pflücken die Pizza / die Pizzeria das Plakat / plakatieren planen / der Plan plötzlich die Post / der Postbote der Pullover, die Pullover die Puppe, die Puppen putzen / die Putzfrau das Puzzle / puzzeln die Pyramide, die Pyramiden	der Quader / die Quader das Quadrat / quadratisch quaken quälen / die Qual die Qualle, die Quallen der Quark das Quartett, die Quartette das Quartier quasseln der Quatsch quatschen die Quelle, die Quellen quengeln quer / der Querdenker quieken quietschen der Quirl, die Quirle quirlig quitt / Wir sind quitt. die Quittung, die Quittungen das Quiz	das Rad, die Räder das Radiergummi die Rakete, die Raketen der Ranzen, die Ranzen das Rätsel / rätselhaft der Räuber / rauben rechnen / die Rechnung das Rechteck / rechteckig rechts / der Rechtshänder der Regen / regnerisch reich / der Reichtum reisen / die Reise retten / die Rettung richtig / berichtigen riechen / der Geruch rot / rötlich rufen / der Ruf ruhig / die Ruhe	sagen das Salz / salzig sammeln / die Sammlung der Samstag / samstags der Sand / sandig der Satz, die Sätze schauen / nachschauen die Schere, die Scheren schlafen / der Schlaf der Schnee / es schneit schnell / die Schnelligkeit schreiben / die Schrift schwarz der September sitzen / der Sitz der Sommer / sommerlich der Sonntag / sonntags spielen / das Spiel	die Tafel, die Tafeln der Tag, die Tage tanken / die Tankstelle die Tante, die Tanten tanzen / der Tanz die Tasche, die Taschen die Tasse, die Tassen der Tee, die Tees telefonieren / das Telefon der Teller, die Teller das Tier, die Tiere der Tiger, die Tiger der Tisch, die Tische die Tochter, die Töchter tragen / vertragen träumen / der Traum traurig / die Trauer die Treppe, die Treppen trinken / das Getränk trotzdem / trotz das T-Shirt, die T-Shirts	üben / die Übung über / tagsüber überraschen / die Überraschung das Ufo, die Ufos die Uhr, die Uhren der Unfall, die Unfälle ungefähr das Ungeheuer / ungeheuer uns / unser / unsere unten / unterhalb unterhalten / die Unterhaltung der Unterricht / unterrichten der Unterschied / unterscheiden die Unterschrift / unterschreiben die Urkunde, die Urkunden der Urlaub, die Urlaube urteilen / das Urteil der Urwald, die Urwälder

V v	W w	X x	Y y	Z z
die Vase, die Vasen der Vater, die Väter vergessen / vergesslich der Verkehr verlieren / der Verlust verstecken / das Versteck versuchen / der Versuch viel / viele vielleicht vier / vierzig der Vogel, die Vögel voll vorbei / vorbeikommen vorne vorlesen der Vormittag / vormittags vorschlagen / der Vorschlag vorsichtig / die Vorsicht	wachsen / das Wachstum der Wald, die Wälder waschen / die Wäsche das Wasser / die Gewässer wichtig / die Wichtigkeit wieder der Wind / windig der Winter / winterlich wissen / das Wissen der Witz / witzig die Woche / wöchentlich wohnen / die Wohnung wollen / der Wille wünschen / der Wunsch würfeln / der Würfel die Wurst, die Würste wütend / die Wut	die Xanthippe (= Frau, die gerne streitet) die X-Beine / x-beinig x-beliebig (= völlig beliebig) das Xylofon, die Xylofone der Boxer, die Boxer die Hexe, die Hexen der Jux der Mixer, die Mixer das Taxi, die Taxis	der Yak der Yen der Yeti das Yoga das Yo-Yo das Ypsilon die Yucca New York (= Stadt in Amerika) die Pyramide der Zylinder	zählen / die Zahl der Zahn, die Zähne der Zaun, die Zäune zehn / der Zehner zeigen / der Uhrzeiger die Zeit / die Zeitung ziehen die Ziffer, die Ziffern das Zimmer / zimmern der Zirkus der Zucker / zuckern zuerst / zuletzt der Zug / zügig die Zukunft die Zunge / züngeln zusammen zwei / zwanzig der Zwieback die Zwiebel zwischen / die Zwischenfrage zwölf / das Dutzend (= 12)

Lösungswörter/Grundwortschatz-Lernposter in Lateinischer Ausgangsschrift

A a	B b	C c	D d	E e	F f	G g
der Abend / abends aber acht / achtzig der Affe, die Affen alle / alles als / mehr als die Ampel, die Ampeln anrufen / der Anruf antworten / die Antwort der April arbeiten / die Arbeit der Arzt, die Ärzte die Aufgabe / aufgeben der August das Auto, die Autos	das Baby, die Babys baden / das Bad der Ball, die Bälle die Bank, die Bänke bauen / der Bau der Baum, die Bäume das Bein, die Beine das Bild, die Bilder das Blatt / blättern blau / bläulich bleiben / der Verbleib die Blume, die Blumen das Boot, die Boote böse / das Böse der Brief / der Brieffreund das Brot / das Brötchen der Bruder, die Brüder das Buch / die Bücherei bunt	das Cabrio, die Cabrios das Cafe, die Cafes campen der Campingplatz, die Campingplätze der CD-Player, die CD- Player die CD-ROM, die CD-ROMs das Cello, die Cellos der Cent, die Cents die Chance, die Chancen der Chef, die Chefs China der Chor, die Chöre der Christbaum clever / die Cleverness der Clown, die Clowns der Comic, die Comics der Computer, die Com- puter der Container, die Con- tainer die Cornflakes der Cowboy, die Cowboys die Currywurst, die Curry- würste	da / dabei / davon danken / dankbar dann dein / deine / deiner denken / der Gedanke denn der Dezember dick / die Dicke diese / dieser / dieses der Dienstag / dienstags der Dinosaurier, die Dino- saurier der Donnerstag / donners- tags draußen drei / dreißig dumm / die Dummheit dünn	das Ei, die Eier ein / eine / einer einkaufen / der Einkauf einmal eins / das Einmaleins das Eis / eiskalt der Elefant, die Elefanten elf die Eltern das Ende / es endet die Ente, die Enten die Erde erklären / die Erklärung erzählen / der Erzähler essen / das Essen etwas euch / euer / eure	fahren / die Fahrt das Fahrrad, die Fahrräder fallen / der Fall falsch / fälschen die Familie, die Familien fangen / einfangen der Februar der Fehler / fehlerfrei feiern / die Feier die Ferien / die Ferienzeit der Fernseher / fernsehen der Finger, die Finger fliegen / das Flugzeug fragen / die Frage der Freitag / freitags freuen / die Freude der Freund / freundlich der Frühling	ganz / das Ganze der Garten, die Gärten geben / die Gabe der Geburtstag gehen / der Gang gelb / gelblich das Geld, die Gelder das Gemüse das Geschenk / schenken die Geschichte das Gesicht, die Gesichter gestern / vorgestern gesund / die Gesundheit das Glas, die Gläser glücklich / das Glück das Gras, die Gräser groß / die Größe grün / grünlich gut / das Gute

H h	I i	J j	K k	L l	M m	N n
das Haar, die Haare der Hals / das Halsband halten / der Halt die Hand, die Hände hart / die Härte der Hase, die Hasen das Haus / hausen heiß / die Hitze helfen / die Hilfe hell / die Helligkeit das Hemd, die Hemden der Herbst der Herr / herrschen heute / heute Abend hören / das Gehör der Hund, die Hunde der Hunger / hungrig	ich die Idee / ideenreich der Igel, die Igel das Iglu ihm / Gib ihm das Eis. ihr / Ihr Hund bellt. im / Spiel im Zimmer. immer / Ich singe immer. der Indianer die Inliner das Insekt, die Insekten die Insel, die Inseln insgesamt interessant / das Interesse interessieren das Internet das Interview das Instrument inzwischen irren der Irrtum, die Irrtümer	die Jacke, die Jacken jagen der Jäger, die Jäger das Jahr, die Jahre der Januar die Jeans jede / jeder / jedes jedoch jemand jetzt jodeln joggen / der Jogger der Jogurt, die Jogurts jubeln / der Jubel jucken das Judo der Juli der Junge, die Jungen jung / jünger als der Juni	die Kabine, die Kabinen der Käfer, die Käfer der Käfig, die Käfige der Kaffee der Kakao der Kalender, die Kalender kalt / die Kälte der Kamm / kämmen kämpfen / der Kampf kaputt der Käse / käseweiß die Katze, die Katzen kaufen / der Kauf kein / keine / keiner das Kind / kindisch die Klasse, die Klassen klein / die Kleinigkeit kommen / die Ankunft können / ich kann der Kopf, die Köpfe die Krankheit / krank sein	lachen / das Lächeln das Land, die Länder lang / die Länge laut / die Lautstärke leben / das Leben legen / hinlegen der Lehrer / lehren leicht / die Leichtigkeit lernen lesen / er liest die Leute das Lexikon, die Lexika das Licht / lichterloh die Liebe / lieben liegen / liegen lassen links / der Linkshänder der Löwe, die Löwen lustig / die Lust	das Mädchen, die Mädchen das Märchen der Mai malen / der Maler der Mann, die Männer der März die Maus, die Mäuse das Meer, die Meere der Mensch, die Menschen / menschlich das Messer, die Messer die Minute, die Minuten der Mittag, die Mittage mittags der Mittwoch / mittwochs der Monat, die Monate der Montag / montags der Morgen / morgens / übermorgen die Musik müssen / ich muss die Mutter, die Mütter	nach der Nachbar die Nacht, die Nächte nachts der Nagel, die Nägel der Name, die Namen die Nase, die Nasen nass / die Nässe der Nebel / nebelig nehmen / abnehmen neu / neugierig / die Neugi- keit neun / neunzig nicht / nichts nie / niemals der November die Nudel, die Nudeln null die Nummer / nummerieren die Nuss, die Nüsse

(Bitte mindestens auf DIN A3 vergrößern und aufhängen.)

Bernd Wehren: Der Schönschrift-Führerschein · Best.-Nr. 1030

(Bitte mindestens auf DIN A3 vergrößern und aufhängen.)

Lösungswörter/Grundwortschatz-Lernposter in Lateinischer Ausgangsschrift

O o	P p	Q q	R r	S s	T t	U u
oben / oberhalb das Obst / der Obstsalat oder der Ofen, die Öfen offen / öffnen / der Öffner ohne das Ohr / der Ohrring der Oktober die Olympiade die Oma, die Omas der Onkel, die Onkel der Opa, die Opas die Operation, die Operationen orange / die Orange das Orchester, die Orchester ordnen / die Ordnung die Orgel, die Orgeln der Ort, die Orte der Osten / östlich oval der Ozean, die Ozeane	das Paar / das Ehepaar (2) paar / ein paar Bonbons die Packung / verpacken der Papagei, die Papageien das Papier, die Papiere die Party die Pause / pausieren das Pferd, die Pferde die Pflanze / pflanzen pflücken die Pizza / die Pizzeria das Plakat / plakatieren planen / der Plan plötzlich die Post / der Postbote der Pullover, die Pullover die Puppe, die Puppen putzen / die Putzfrau das Puzzle / puzzeln die Pyramide, die Pyramiden	der Quader / die Quader das Quadrat / quadratisch quaken quälen / die Qual die Qualle, die Quallen der Quark das Quartett, die Quartette das Quartier quasseln der Quatsch quatschen die Quelle, die Quellen quengeln quer / der Querdenker quieken quietschen der Quirl, die Quirle quirlig quitt / Wir sind quitt. die Quittung, die Quittungen das Quiz	das Rad, die Räder das Radiergummi die Rakete, die Raketen der Ranzen, die Ranzen das Rätsel / rätselhaft der Räuber / rauben rechnen / die Rechnung das Rechteck / rechteckig rechts / der Rechtshänder der Regen / regnerisch reich / der Reichtum reisen / die Reise retten / die Rettung richtig / berichtigen riechen / der Geruch rot / rötlich rufen / der Ruf ruhig / die Ruhe	sagen das Salz / salzig sammeln / die Sammlung der Samstag / samstags der Sand / sandig der Satz, die Sätze schauen / nachschauen die Schere, die Scheren schlafen / der Schlaf der Schnee / es schneit schnell / die Schnelligkeit schreiben / die Schrift schwarz der September sitzen / der Sitz der Sommer / sommerlich der Sonntag / sonntags spielen / das Spiel	die Tafel, die Tafeln der Tag, die Tage tanken / die Tankstelle die Tante, die Tanten tanzen / der Tanz die Tasche, die Taschen die Tasse, die Tassen der Tee, die Tees telefonieren / das Telefon der Teller, die Teller das Tier, die Tiere der Tiger, die Tiger der Tisch, die Tische die Tochter, die Töchter tragen / vertragen träumen / der Traum traurig / die Trauer die Treppe, die Treppen trinken / das Getränk trotzdem / trotz das T-Shirt, die T-Shirts	üben / die Übung über / tagsüber überraschen / die Überraschung das Ufo, die Ufos die Uhr, die Uhren der Unfall, die Unfälle ungefähr das Ungeheuer / ungeheuer uns / unser / unsere unten / unterhalb unterhalten / die Unterhaltung der Unterricht / unterrichten der Unterschied / unterscheiden die Unterschrift / unterschreiben die Urkunde, die Urkunden der Urlaub, die Urlaube urteilen / das Urteil der Urwald, die Urwälder

V v	W w	X x	Y y	Z z
die Vase, die Vasen der Vater, die Väter vergessen / vergesslich der Verkehr verlieren / der Verlust verstecken / das Versteck versuchen / der Versuch viel / viele vielleicht vier / vierzig der Vogel, die Vögel voll vorbei / vorbeikommen vorne vorlesen der Vormittag / vormittags vorschlagen / der Vorschlag vorsichtig / die Vorsicht	wachsen / das Wachstum der Wald, die Wälder waschen / die Wäsche das Wasser / die Gewässer wichtig / die Wichtigkeit wieder der Wind / windig der Winter / winterlich wissen / das Wissen der Witz / witzig die Woche / wöchentlich wohnen / die Wohnung wollen / der Wille wünschen / der Wunsch würfeln / der Würfel die Wurst, die Würste wütend / die Wut	die Xanthippe (= Frau, die gerne streitet) die X-Beine / x-beinig x-beliebig (= völlig beliebig) das Xylofon, die Xylofone der Boxer, die Boxer die Hexe, die Hexen der Jux der Mixer, die Mixer das Taxi, die Taxis	der Yak der Yen der Yeti das Yoga das Yo-Yo das Ypsilon die Yucca New York (= Stadt in Amerika) die Pyramide der Zylinder	zählen / die Zahl der Zahn, die Zähne der Zaun, die Zäune zehn / der Zehner zeigen / der Uhrzeiger die Zeit / die Zeitung ziehen die Ziffer, die Ziffern das Zimmer / zimmern der Zirkus der Zucker / zuckern zuerst / zuletzt der Zug / zügig die Zukunft die Zunge / züngeln zusammen zwei / zwanzig der Zwieback die Zwiebel zwischen / die Zwischenfrage zwölf / das Dutzend (= 12)

Lösungswörter/Grundwortschatz-Lernposter in Schulausgangsschrift

A a	B b	C c	D d	E e	F f	G g
der Abend / abends aber acht / achtzig der Affe, die Affen alle / alles als / mehr als die Ampel, die Ampeln anrufen / der Anruf antworten / die Antwort der April arbeiten / die Arbeit der Arzt, die Ärzte die Aufgabe / aufgeben der August das Auto, die Autos	das Baby, die Babys baden / das Bad der Ball, die Bälle die Bank, die Bänke bauen / der Bau der Baum, die Bäume das Bein, die Beine das Bild, die Bilder das Blatt / blättern blau / bläulich bleiben / der Verbleib die Blume, die Blumen das Boot, die Boote böse / das Böse der Brief / der Brieffreund das Brot / das Brötchen der Bruder, die Brüder das Buch / die Bücherei bunt	das Cabrio, die Cabrios das Café, die Cafés campen der Campingplatz, die Campingplätze der CD-Player, die CD-Player die CD-ROM, die CD-ROMs das Cello, die Cellos der Cent, die Cents die Chance, die Chancen der Chef, die Chefs China der Chor, die Chöre der Christbaum clever / die Cleverness der Clown, die Clowns der Comic, die Comics der Computer, die Com- puter der Container, die Con- tainer die Cornflakes der Cowboy, die Cowboys die Currywurst, die Curry- würste	da / dabei / davon danken / dankbar dann dein / deine / deiner denken / der Gedanke denn der Dezember dick / die Dicke diese / dieser / dieses der Dienstag / dienstags der Dinosaurier, die Dino- saurier der Donnerstag / donners- tags draußen drei / dreißig dumm / die Dummheit dünn	das Ei, die Eier ein / eine / einer einkaufen / der Einkauf einmal eins / das Einmaleins das Eis / eiskalt der Elefant, die Elefanten elf die Eltern das Ende / es endet die Ente, die Enten die Erde erklären / die Erklärung erzählen / der Erzähler essen / das Essen etwas euch / euer / eure	fahren / die Fahrt das Fahrrad, die Fahrräder fallen / der Fall falsch / fälschen die Familie, die Familien fangen / einfangen der Februar der Fehler / fehlerfrei feiern / die Feier die Ferien / die Ferienzeit der Fernseher / fernsehen der Finger, die Finger fliegen / das Flugzeug fragen / die Frage der Freitag / freitags freuen / die Freude der Freund / freundlich der Frühling	ganz / das Ganze der Garten, die Gärten geben / die Gabe der Geburtstag gehen / der Gang gelb / gelblich das Geld, die Gelder das Gemüse das Geschenk / schenken die Geschichte das Gesicht, die Gesichter gestern / vorgestern gesund / die Gesundheit das Glas, die Gläser glücklich / das Glück das Gras, die Gräser groß / die Größe grün / grünlich gut / das Gute

H h	I i	J j	K k	L l	M m	N n
das Haar, die Haare der Hals / das Halsband halten / der Halt die Hand, die Hände hart / die Härte der Hase, die Hasen das Haus / hausen heiß / die Hitze helfen / die Hilfe hell / die Helligkeit das Hemd, die Hemden der Herbst der Herr / herrschen heute / heute Abend hören / das Gehör der Hund, die Hunde der Hunger / hungrig	ich die Idee / ideenreich der Igel, die Igel das Iglu ihm / Gib ihm das Eis. ihr / Ihr Hund bellt. im / Spiel im Zimmer. immer / Ich singe immer. der Indianer die Inliner das Insekt, die Insekten die Insel, die Inseln insgesamt interessant / das Interesse interessieren das Internet das Interview das Instrument inzwischen irren der Irrtum, die Irrtümer	die Jacke, die Jacken jagen der Jäger, die Jäger das Jahr, die Jahre der Januar die Jeans jede / jeder / jedes jedoch jemand jetzt jodeln joggen / der Jogger der Jogurt, die Jogurts jubeln / der Jubel jucken das Judo der Juli der Junge, die Jungen jung / jünger als der Juni	die Kabine, die Kabinen der Käfer, die Käfer der Käfig, die Käfige der Kaffee der Kakao der Kalender, die Kalender kalt / die Kälte der Kamm / kämmen kämpfen / der Kampf kaputt der Käse / käseweiß die Katze, die Katzen kaufen / der Kauf kein / keine / keiner das Kind / kindisch die Klasse, die Klassen klein / die Kleinigkeit kommen / die Ankunft können / ich kann der Kopf, die Köpfe die Krankheit / krank sein	lachen / das Lächeln das Land, die Länder lang / die Länge laut / die Lautstärke leben / das Leben legen / hinlegen der Lehrer / lehren leicht / die Leichtigkeit lernen lesen / er liest die Leute das Lexikon, die Lexika das Licht / lichterloh die Liebe / lieben liegen / liegen lassen links / der Linkshänder der Löwe, die Löwen lustig / die Lust	das Mädchen, die Mädchen das Märchen der Mai malen / der Maler der Mann, die Männer der März die Maus, die Mäuse das Meer, die Meere der Mensch, die Menschen / menschlich das Messer, die Messer die Minute, die Minuten der Mittag, die Mittage mittags der Mittwoch / mittwochs der Monat, die Monate der Montag / montags der Morgen / morgens / übermorgen die Musik müssen / ich muss die Mutter, die Mütter	nach der Nachbar die Nacht, die Nächte nachts der Nagel, die Nägel der Name, die Namen die Nase, die Nasen nass / die Nässe der Nebel / nebelig nehmen / abnehmen neu / neugierig / die Neugier- keit neun / neunzig nicht / nichts nie / niemals der November die Nudel, die Nudeln null die Nummer / nummerieren die Nuss, die Nüsse

Bernd Wehren: Der Schönschrift-Führerschein · Best.-Nr. 1030

(Bitte mindestens auf DIN A3 vergrößern und aufhängen.)

Lösungswörter/Grundwortschatz-Lernposter in Schulausgangsschrift

O o	P p	Q q	R r	S s	T t	U u
oben / oberhalb das Obst / der Obstsalat oder der Ofen, die Öfen offen / öffnen / der Öffner ohne das Ohr / der Ohrring der Oktober die Olympiade die Oma, die Omas der Onkel, die Onkel der Opa, die Opas die Operation, die Operationen orange / die Orange das Orchester, die Orchester ordnen / die Ordnung die Orgel, die Orgeln der Ort, die Orte der Osten / östlich oval der Ozean, die Ozeane	das Paar / das Ehepaar (2) paar / ein paar Bonbons die Packung / verpacken der Papagei, die Papageien das Papier, die Papiere die Party die Pause / pausieren das Pferd, die Pferde die Pflanze / pflanzen pflücken die Pizza / die Pizzeria das Plakat / plakatieren planen / der Plan plötzlich die Post / der Postbote der Pullover, die Pullover die Puppe, die Puppen putzen / die Putzfrau das Puzzle / puzzeln die Pyramide, die Pyramiden	der Quader / die Quader das Quadrat / quadratisch quaken quälen / die Qual die Qualle, die Quallen der Quark das Quartett, die Quartette das Quartier quasseln der Quatsch quatschen die Quelle, die Quellen quengeln quer / der Querdenker quieken quietschen der Quirl, die Quirle quirlig quitt / Wir sind quitt. die Quittung, die Quittungen das Quiz	das Rad, die Räder das Radiergummi die Rakete, die Raketen der Ranzen, die Ranzen das Rätsel / rätselhaft der Räuber / rauben rechnen / die Rechnung das Rechteck / rechteckig rechts / der Rechtshänder der Regen / regnerisch reich / der Reichtum reisen / die Reise retten / die Rettung richtig / berichtigen riechen / der Geruch rot / rötlich rufen / der Ruf ruhig / die Ruhe	sagen das Salz / salzig sammeln / die Sammlung der Samstag / samstags der Sand / sandig der Satz, die Sätze schauen / nachschauen die Schere, die Scheren schlafen / der Schlaf der Schnee / es schneit schnell / die Schnelligkeit schreiben / die Schrift schwarz der September sitzen / der Sitz der Sommer / sommerlich der Sonntag / sonntags spielen / das Spiel	die Tafel, die Tafeln der Tag, die Tage tanken / die Tankstelle die Tante, die Tanten tanzen / der Tanz die Tasche, die Taschen die Tasse, die Tassen der Tee, die Tees telefonieren / das Telefon der Teller, die Teller das Tier, die Tiere der Tiger, die Tiger der Tisch, die Tische die Tochter, die Töchter tragen / vertragen träumen / der Traum traurig / die Trauer die Treppe, die Treppen trinken / das Getränk trotzdem / trotz das T-Shirt, die T-Shirts	üben / die Übung über / tagsüber überraschen / die Überraschung das Ufo, die Ufos die Uhr, die Uhren der Unfall, die Unfälle ungefähr das Ungeheuer / ungeheuer uns / unser / unsere unten / unterhalb unterhalten / die Unterhaltung der Unterricht / unterrichten der Unterschied / unterscheiden die Unterschrift / unterschreiben die Urkunde, die Urkunden der Urlaub, die Urlaube urteilen / das Urteil der Urwald, die Urwälder

V v	W w	X x	Y y	Z z	
die Vase, die Vasen der Vater, die Väter vergessen / vergesslich der Verkehr verlieren / der Verlust verstecken / das Versteck versuchen / der Versuch viel / viele vielleicht vier / vierzig der Vogel, die Vögel voll vorbei / vorbeikommen vorne vorlesen der Vormittag / vormittags vorschlagen / der Vorschlag vorsichtig / die Vorsicht	wachsen / das Wachstum der Wald, die Wälder waschen / die Wäsche das Wasser / die Gewässer wichtig / die Wichtigkeit wieder der Wind / windig der Winter / winterlich wissen / das Wissen der Witz / witzig die Woche / wöchentlich wohnen / die Wohnung wollen / der Wille wünschen / der Wunsch würfeln / der Würfel die Wurst, die Würste wütend / die Wut	die Xanthippe (= Frau, die gerne streitet) die X-Beine / x-beinig x-beliebig (= völlig beliebig) das Xylofon, die Xylofone der Boxer, die Boxer die Hexe, die Hexen der Jux der Mixer, die Mixer das Taxi, die Taxis	der Yak der Yen der Yeti das Yoga das Yo-Yo das Ypsilon die Yucca New York (= Stadt in Amerika) die Pyramide der Zylinder	zählen / die Zahl der Zahn, die Zähne der Zaun, die Zäune zehn / der Zehner zeigen / der Uhrzeiger die Zeit / die Zeitung ziehen die Ziffer, die Ziffern das Zimmer / zimmern der Zirkus der Zucker / zuckern zuerst / zuletzt der Zug / zügig die Zukunft die Zunge / züngeln zusammen zwei / zwanzig der Zwieback die Zwiebel zwischen / die Zwischenfrage zwölf / das Dutzend (= 12)	

Lernposter
Druckschrift und Vereinfachte Ausgangsschrift

A a B b C c D d E e F f G g

H h I i J j K k L l M m

N n O o P p Q q R r S s

T t U u V v W w X x Y y

Z z Ä ä Ö ö Ü ü ß

A a B b C c D d E e F f G g

H h I i J j K k L l M m

N n O o P p Q q R r S s

T t U u V v W w X x Y y

Z z Ä ä Ö ö Ü ü ß

Lernposter
Druckschrift und Lateinische Ausgangsschrift

A a B b C c D d E e F f G g

H h I i J j K k L l M m

N n O o P p Q q R r S s

T t U u V v W w X x Y y

Z z Ä ä Ö ö Ü ü ß

A a B b C c D d E e F f G g

H h I i J j K k L l M m

N n O o P p Q q R r S s

T t U u V v W w X x Y y

Z z Ä ä Ö ö Ü ü ß

Lernposter
Druckschrift und Schulausgangsschrift

A a B b C c D d E e F f G g

H h I i J j K k L l M m

N n O o P p Q q R r S s

T t U u V v W w X x Y y

Z z Ä ä Ö ö Ü ü ß

A a B b C c D d E e F f G g

H h I i J j K k L l M m

N n O o P p Q q R r S s

T t U u V v W w X x Y y

Z z Ä ä Ö ö Ü ü ß

Lernposter
Druckschrift und Grundschrift

A a B b C c D d E e F f G g

H h I i J j K k L l M m

N n O o P p Q q R r S s

T t U u V v W w X x Y y

Z z Ä ä Ö ö Ü ü ß

A a B b C c D d E e F f G g

H h I i J j K k L l M m

N n O o P p Q q R r S s

T t U u V v W w X x Y y

Z z Ä ä Ö ö Ü ü ß